ダイアン・コイル

GDP

〈小さくて大きな数字〉の歴史

高橋璃子訳

みすず書房

GDP

A Brief but Affectionate History

by

Diane Coyle

First published by Princeton University Press, 2014

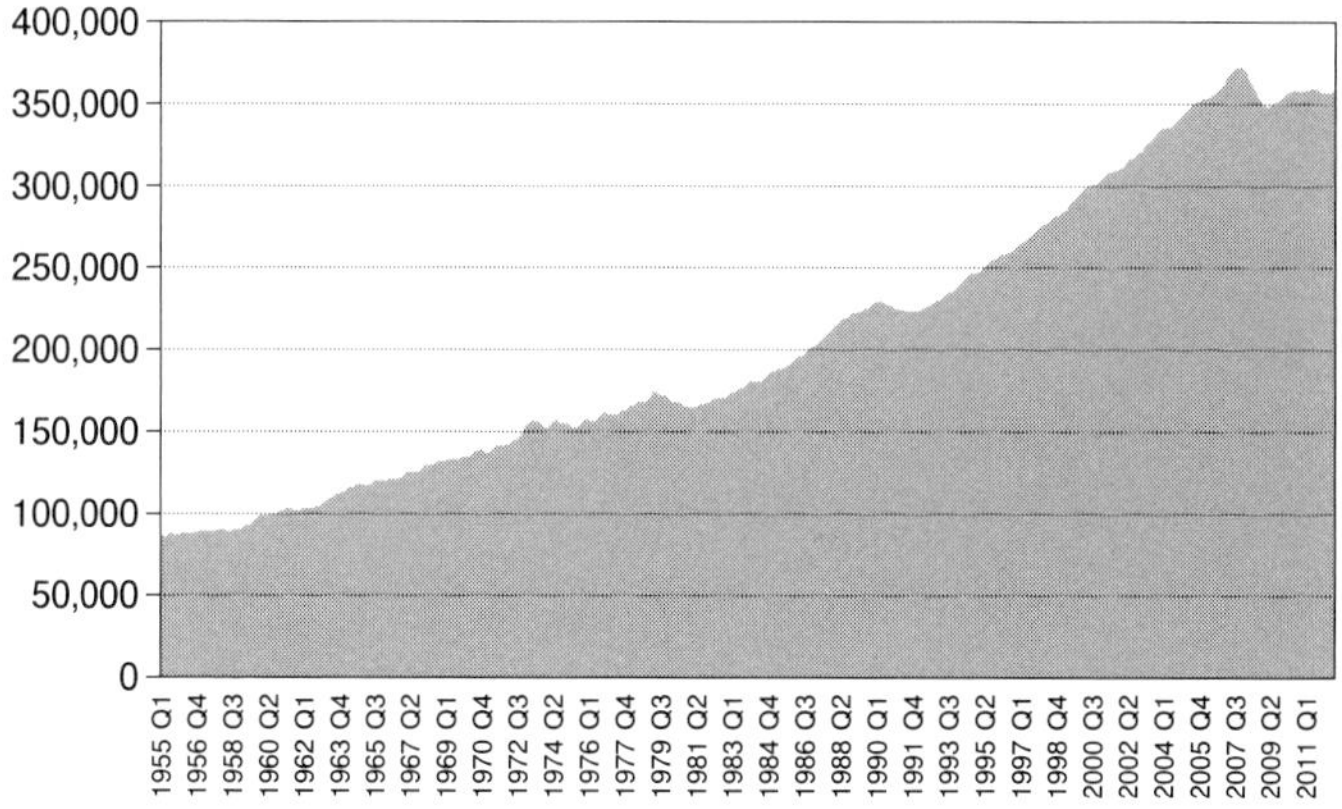

400,000
350,000
300,000
250,000
200,000
150,000
100,000
50,000
0
1955 Q1
1956 Q4
1958 Q3
1960 Q2
1962 Q1
1963 Q4
1965 Q3
1967 Q2
1969 Q1
1970 Q4
1972 Q3
1974 Q2
1976 Q1
1977 Q4
1979 Q3
1981 Q2
1983 Q1
1984 Q4
1986 Q3
1988 Q2
1990 Q1
1991 Q4
1993 Q3
1995 Q2
1997 Q1
1998 Q4
2000 Q3
2002 Q2
2004 Q1
2005 Q4
2007 Q3
2009 Q2
2011 Q1

GDP 目次

はじめに

「ギリシャでは、統計は格闘技なのです」。

刑事訴追と国会での喚問に直面したアンドレアス・ゲオルギウ氏が語った言葉だ。ゲオルギウ氏は、ワシントンDCの国際通貨基金（IMF）本部に長年つとめた優秀な人物。ヨーロッパ経済危機の映画があったら、ジョージ・クルーニーに演じてほしいような風貌の持ち主である。2010年に欧州連合（EU）とIMFの要請を受け、ギリシャの新たな統計局であるELSTAT（エルスタット）の局長に就任した。ところが就任後数週間で、何者かが彼のメールアカウントに不正侵入した。数カ月後には「国益に反する行為をおこなっている」として、旧統計局を解任された元幹部によって告発された。ギリシャの世論が真っ二つに割れるなか、検察当局はさらに職務怠慢、偽証、公的データ改ざんの重罪でゲオルギウ氏を起訴した(1)。

彼は何をやったのか？　ギリシャの経済について正確な統計情報を出そうとしただけだ。ギリシャの統計機関は長年のあいだ、政治家の指示で数字を操作しつづけてきた。そこには大きな利害が絡んでいた。政府支出および債務残高に関する厳しい基準をクリアできなければ、救済措置が受けられずに経済が崩壊するかもしれない。この基準値は財政赤字の対GDP比という形で突きつけられていた。GDP（国内総生産）は国の経済規模を測るために世界中で使われている尺度だ。誰でも聞いたことはあるけれど、その正確な意味は意外と知られていない。この本では、GDPという指標がいかにして現在のように重視されるようになったかを解き明かしていこうと思う。

ゲオルギウ氏の就任前に欧州委員会がおこなった調査によると、ギリシャは何年間も統計データを改ざんしつづけていた。調査のきっかけとなったのはその年の初め、ギリシャ国家統計局（ELSTATの前身）の局長みずから、ブリュッセルのEU当局に「数値に関して政府の干渉が存在する」となかば捨て身で訴え出たことだった。欧州委員会はギリシャの統計データに誤りが数多く見られることを認め、ギリシャ政府が自国の歳出状況を把握できていないこと、そして「ギリシャの制度的枠組みの説明責任」に深刻な懸念が見られることを指摘した。ギリシャ政府は自分たちの金の使い方がコントロールできず、防衛費にいくら使ったかさえ把握できていない、という意味の官僚的表現である。(2)

正式な調査を待つまでもなく、何かがおかしいことは明白だった。統計に詳しい人間なら、数値を見ただけで帳簿のごまかしに気づいたかもしれない。あやしい徴候のひとつは、2006年にGDPをそれまでの計算より25パーセントも多い数字に修正したことだった。ギリシャ国家統計局はこの年、無申告の経済活動を推計値に含めることにしたのだ。そうしたいわゆるインフォーマル経済（詳しくは後述）の推定額を公式なGDPに含めている国はほかにもあるが、ギリシャの場合はタイミングが絶妙すぎた。より多くの借り入れを必要としていたときに、返済能力の目安となるGDPが大きく増えたのだ。

この変更のほかにも（そしてEUの統計家たちによる不信のほかにも）、ギリシャの経済統計には改ざんの印がはっきりと表れていた。GDPにかぎらず、経済のデータには容易に偽造できない独特のパターンが見られる。数字がランダムではなく、特徴ある並び方をするのだ。たとえば、ずらりと並んだ数値データのうち、最初の数字が1になる割合は10分の1ではない。ランダムな統計とはちがって、1ではじまる確率がかなり高いのだ。最初の数字が1であるケースは、9であるケースよりも6倍多く、3であるよりも2倍多いことがわかっている。ベンフォードの法則として知られるものだ。ちなみにこの法則は、人気ドラマ『NUMBERS　天才数学者の事件ファイル』にも登場する。「狙われたハイテクマシン」というエピソードで、デヴィッド・クロムホルツが演じる数学の天才である主人公チャールズ・エプスはこの法則を利用して連続盗難事件を解決した。ギリシャのGDP統計は、このベンフォードの法則に合致していなかった。(3)

欧州委員会の調査報告書は、お役所にしては珍しいほど率直ないい方でギリシャの不正を指摘した。ギリシャ財務省が、融資を受ける目的で、財政赤字とGDPの数値を統計局に改ざんさせたというのである。2010年以前に国家統計局がこの事態を把握していたかどうかは不明だが、もし知らなかったとすれば国の統計機関がまともに機能していなかったということになるだろう。

私の親しい友人で、英王立国際問題研究所の国際経済調査ディレクターをつとめるパオラ・スバッチが、2002年にギリシャ国家統計局を訪れたことがある。アテネの空港からタクシーで統計局へ向かったのだが、タクシーはなぜかどんどん住宅街のほうへ入っていった。彼女はそのときのことをこう語る。「普通のお店が並ぶ一角でした。古びたアパートメントのなかを探し歩いて、階段を上がると埃っぽい部屋に数人のスタッフがいたんです。コンピュータは見かけませんでした。普通じゃなかったですね、専門家の仕事場とは思えませんでした」。

そんな状態を何とかしようと、IMFと欧州委員会はゲオルギウ氏を送り込み、融資の条件として新たな統計局の設立を要求した。だが問題の根は深そうだ。ゲオルギウ氏は「帳簿のごまかしに加担しなかったせいで訴えられた」とコメントしている。もしも背信の罪が確定すれば、終身刑になる可能性もあるという。

この悪質な統計操作のエピソードを紹介したのは、GDPが日々の政治と経済にどれほど大きな力を持っているかを示すためだ。前任者とは異なる数字を出したというだけで、下手をすると重罪になる。ギリシャに住む数百万人の生活水準——仕事はあるか、食べものを買うお金は足りているか——が、この数字ひとつにかかっているのだ。

GDPは、国の暮らし向きを測定・比較するための指標である。ただし、面積や平均気温を測定するのとはわけがちがう。GDPは自然現象のように客観的なものではなく、人為的につくられたものだからだ。GDPの歴史は浅く、1940年代に生まれたばかりである。それ以前は景気を測定するのに別の指標が使われていたし、それらにしても200年ほどの歴史しかない（詳しくは次章）。万が一ゲオルギウ氏が刑務所行きになったら（取り調べはいまだに続行中）、彼は形のない数字のために自由を失ったことになる。GDPは、世の中のあらゆる商品やサービス——釘や歯ブラシからヨガ教室や経営コンサルティングまで——の値段を合算してから複雑な手順で季節変動やインフレの影響を組み込み、国際比較が可能なように標準化し、理論上の為替レートに応じてさらに調整を加えたもの。つまり、ものすごく複雑な方法で導きだされた理論上の数字でありながら、とんでもなく重要な意味を持っているのである。

いったいなぜ、そんなに人為的で複雑で抽象的な数字が、国民の生活を左右する経済政策に大きく影響するようになったのだろうか。私たちの運命を決めるような政治判断が、そのような数字をもとにおこなわれてもいいのだろうか？

GDPというただひとつの「経済」の尺度が政治論争を支配し、政権の行く末を左右する。四半期のGDP値がマイナス0・1パーセントなら政権に先はなく、プラス0・2パーセントなら再選だ。テレビのニュースを見れば、経済専門家や政治家が景気の現状について激しく意見を戦わせている。GDP成長率はどうなっているか、それに対して政府は何をすべきかでいい争っているのだ。

もっぱらGDPだけで経済を測ることについては疑問の声も出てきているが、政治家や経済学者からではなく、GDPを通じて資本主義市場経済の過ちを糾弾しようという方面からの意見が多いようだ。環境保護にたずさわる人は、GDPの成長を重視するあまり地球環境への配慮が見過ごされたと主張する。いわゆる幸福学に関わる人は、GDPにかわって本当の幸せを映しだすような指標を使うべきだと主張する。また「ウォール街を占拠せよ」運動の賛同者は、GDP偏重によって社会の格差や不平等が隠蔽されてきたと論じている。

そうした批判のなかにはGDPやそれを偏重した経済政策に対する的を射た意見もあるし、複雑すぎる手順でつくられた数字が本当に正しいのかというもっともな疑問もある。その一方でGDPは、のちに論じるように、資本主義市場経済が生みだした自由や可能性を映しだす重要な指標でもある。完璧ではないにせよ、GDPは人間の可能性の広がりやイノベーションを数値で示してくれる。経済におけるサービスや無形資産の重要性が増しつつあるなかで、人々の創造性や助け合いの程度を測るという役割も大きくなっている。アメリカの経済分析局がGDPを「20世紀でもっとも偉大な発明のひとつ」と評したのも、あながち誇張とはいいきれないだろう(4)。

「GDPとは何か」というのがこの本のテーマだ。その歴史をたどり、限界を見定め、そのうえでGDPが経済政策にとって重要な指標かどうかを検討したい。GDPは最近はやりの「幸福度」のような指標よりは確実に役に立つ。ただし、GDPだけで景気が測れるかというと、そうではないと私は考えている。GDPは20世紀の大量生産経済を前提とした指標であり、21世紀の経済における急速なイノベーションやデジタル化された無形サービスには対応しきれていない。

いつの世も、経済の動きは日々の政治に大きく影響してくる。だからこそ、現在のGDPよりもうまく「経済」を反映するような、新たな指標が必要となってくるはずだ。

第1章　戦争と不況——18世紀—1930年代

戦争は発明の母である。私たちが普段使っている新技術も、もともとは戦争の需要に促されて軍の資金で開発されたものが多い。たとえばインターネット、テフロン、レーダー、コンピュータ。そしてまた国内総生産も、第二次世界大戦が生んだ数多くの発明品のひとつだ。

国内総生産（GDP）とはその名のとおり、「国内」で「生産」された価値の「総」額（グロス。何も引かない量。「総」の反対は純利益などの「純」で、引くべきものを引いたあとの量を指す）である。こう書けばその意味は自明なように見えるかもしれない。GDPは国民経済計算（国の経済規模に関する統計）の数あるデータのひとつだが、詳しくはあとで説明しよう。まずはGDPがどんなものかを知るために、経済統計の歴史を簡単に振り返ってみたい。

国民経済計算の黎明期

国の経済全体の大きさを測る、という試みが初めて本格的におこなわれたのは、17世紀の戦争のときだった。1665年、イギリスの学者で役人でもあったウィリアム・ペティが、イングランドおよびウェールズの収入、支出、人口、土地、その他資産の推計を作成した。戦争に必要な資源が足りているか、そして徴税で戦費をまかなえるかどうかを見積もるためだ（この戦争は今となってはあまり知られていないが、1664年から1667年にかけておこなわれた第二次英蘭戦争である）。ペティは増税による資金調達が可能であることに加えて、オランダやフランスといった強国との戦いにも耐えられることを数字で示そうとした。[1] 今ある土地や資本や労働力をより効果的に活用すれば、新たな土地や人を手に入れなくても戦争に勝てるというのだ。これはすぐれた経済的洞察だった。ちなみに彼は、国全体の経済の記録に複式簿記を導入するという功績も残している。同じく初期の経済統計に着手していたチャールズ・ダヴナントは、1695年に『戦費調達論』というタイトルで研究結果を発表した。経済統計の目的をずばりと言い表したタイトルである。英語の「statistics（統計）」という単語は「state（国家）」と語源を同じくし、もともとは国に関する数値、とくに税金関係のデータを指す言葉だった。こうして国の経済に関する総合的な統計を用意したイングランドは、かなり有利な立場を手に入れることになった。この数字を使えば、国の生産や税収の伸びしろを正確に把握できる。より大きく力も強いと思われていた隣国フランスでさえ、このような情報は持っていなかった。フランスが同様の情報を手に入れたのは1781年になってからである。財務長官のジャック・ネッケルがフランスの経済力についてまとめた『王への報告書 *compte rendu au roi*』によって、フランスの王はようやく戦略的に重要な経済・財政データを手に入れることができ、新たな国債発行も可能になった（それでも結局、1789年のフランス革命を避けることはできなかったが）。

イギリスの試みにつづき、18世紀末までに統計の先駆者たちが次々と登場してきた。ただし、計算の対象は少しずつ異なっていた。国民所得とひとことで言っても、何を計測に含めて何を除外すべきかという判断は一筋縄ではいかない。現代とちがって統一の規格が存在せず、一般的な見方も定まっていない時代だ。手探りのなかで、現代のGDPとは似ても似つかないデータが作成されていった。そうした初期の国民経済計算に共通していたのは、「いま使えるお金がどれだけあるか」と「資産のストックとしていくら残せるか」の二点が国民所得を知る鍵だという大まかな認識である。

この考え方は、数十年かけて徐々に進化をとげた。[2] のちの論者たちは、それぞれ経済の異なる側面を強調している。一部の論者（そのなかには作家ダニエル・デフォーもいた）は、国の発展には何よりも国内外の取引を増やすことが重要だと説いた。また別のときには、国債に関する議論が喫茶店や小冊子をにぎわせた。17世紀末から18世紀末にかけて、政府は国債のデータを頻繁に発表していた。これもやはり戦費調達のためだ。

そして大きな知的イノベーションが起こった。アダム・スミスが1776年の『国富論』で導入した「生産的労働」と「非生産的労働」の区別である。それ以前には、労働はひとまとめに語られていた。たとえば30年前の1746年に出版された作者不明の本には、次のように書いてある。「国民所得というのは、すべての人々が土地、貿易、工芸品、工業製品、労働、その他あらゆる手段で得た所得の合計である。また歳出というのは、購入や消費に使ったあらゆるお金の合計である」。だがアダム・スミスはそれを否定し、「すべての人々」が等しく問題になるわけではないといいきった。彼の定義によると、国民所得に貢献しているのは、形ある商品（農作物や工業製品）をつくる人だけである。「サービス」の提供は価値を生みだすものではなく、コストを増やすものでしかない。たとえば使用人はその主人にとってのコストにすぎず、何の価値も生まない。そして重要なことに、戦争や国債の利子支払いのための出費もまた、非生産的なコストである。一国の富とは有形資産のストックから国債（借金）を引いたものであり、国民所得はこの富の量をもとに導きだされる、とアダム・スミスは説いた。経済学者のベンジャミン・ミトラ＝カーンによると、『国富論』は経済についての新たな見方をもたらした。アダム・スミスとその弟子や信奉者らによって、その考えはまたたく間に世の中を席巻した」。

アダム・スミス自身の言葉を引用しよう。

労働のなかにはその対象に価値を付加するものもあれば、そのような効果を持たないものもある。価値を生みだすという観点から、前者を生産的労働と呼び、後者を非生産的労働と呼ぼう。たとえば製造業者の仕事は一般に、その仕事の材料に価値を付加し、自分自身および雇用主により大きな利益をもたらすものである。一方、屋敷の使用人の仕事は、何ものにも価値を付加しない。……製造者を多数雇えば豊かになり、使用人を多数抱えれば貧しくなる。(3)

読者カード

みすず書房の本をご購入いただき，まことにありがとうございます．

書　名

書店名

・「みすず書房図書目録」最新版をご希望の方にお送りいたします．

（希望する／希望しない）

★ご希望の方は下の「ご住所」欄も必ず記入してください．

・新刊・イベントなどをご案内する「みすず書房ニュースレター」（Eメール）をご希望の方にお送りいたします．

（配信を希望する／希望しない）

★ご希望の方は下の「Eメール」欄も必ず記入してください．

（ふりがな） お名前　　　　様			〒
ご住所	都・道・府・県	市・郡	
		区	
電話	（　　　　）		
Eメール			

ご記入いただいた個人情報は正当な目的のためにのみ使用いたします．

ありがとうございました．みすず書房ウェブサイト https://www.msz.co.jp では刊行書の詳細な書誌とともに，新刊，近刊，復刊，イベントなどさまざまなご案内を掲載しています．ぜひご利用ください．

郵便はがき

料金受取人払郵便

本郷局承認

5391

差出有効期間
2024年3月
31日まで

113-8790

東京都文京区
本郷2丁目20番7号

みすず書房営業部
行

通信欄

（ご意見・ご感想などお寄せください．小社ウェブサイトでご紹介させていただく場合がございます．あらかじめご了承ください．）

アダム・スミスの提唱した生産的労働と非生産的労働という考え方は、19世紀末にいたるまで経済の議論と測定に多大な影響を及ぼしつづけた。カール・マルクスもこの考え方に賛成しており、中央計画経済の測定は1989年以降の共産主義崩壊にいたるまでずっとこの考え方をベースに運用されていた。たとえばソ連の経済統計を見ると、形ある生産物については記録されているが、サービス業はほとんど無視されている。欧米の資本主義国では80年代末の時点でサービス業がGDPの3分の2を占めていたのだから、これはかなり大きな見落としである。

国の経済において物質的な生産を重視する考え方は長らく経済学の主流だったが、19世紀末になると新たな考え方にとってかわられた。「新古典派」（アダム・スミスらの「古典派」との対比でこう呼ばれる）という一派が登場し、生産的労働と非生産的労働の区別を取っ払ったのだ。アダム・スミスと並ぶ経済学の重鎮アルフレッド・マーシャルは、「富には物質的な富と、個人的あるいは非物質的な富がある」と明言した。つまり国民所得の定義には、サービスも含めなければならないということだ。マーシャルの主著『経済学原理』が1890年に出版されると、それに合わせる形で経済統計の大きな見直しが図られた。19世紀末から20世紀初頭にかけてのこの時期が、国民所得計算の「第一段階」とされている。(4)

現代の国民経済計算の誕生

国民所得計算の黎明期とGDP前史をざっと振り返ってみたが、こうして見ると「国民所得」の定義があいまいで流動的なものであることがわかるだろう。論壇の風向きや政治的・軍事的必要性によって解釈が変わり、そのため時代とともに定義が変化する。経済学者のなかには、20世紀より前の経済統計にはあまり意味がないという人もいるほどだ。西暦1000年から現在までの世界のGDP統計を算出するという壮大なプロジェクトを指揮したアンガス・マディソンは、「19世紀以前の経済成長は非常にゆっくりとしているため、あまり意味がなく興味も惹かないように思える」と述べている。(5)さらに彼は、やや辛辣につけ加える。「国民所得の推計は数多く登場したが、その質や比較しやすさはほとんど向上しなかった。経済成長を本格的に分析するうえではほとんど役に立たないし、対象範囲も手順もそれぞれ異なりすぎていた」。たしかに初期の経済統計は一貫していなかったし、現代とは異なる定義が使われていた。だが逆に、19世紀以降の変化が大きかったと考えることもできるはずだ。産業革命と資本主義の誕生による経済成長の加速を受けて、人々は経済を正確に測るための新たな方法を模索しはじめたのだ、と。

現在私たちが使っているようなGDPができたのは、世界を揺るがした二つの歴史的事件がきっかけだった。1930年代の大恐慌と、それにつづく第二次世界大戦（1939—1945年）である。(6)アルフレッド・マーシャルの『経済学原理』出版以降、研究者たちは国民所得をより正確に測定するための新たな試みに着手していた。イギリスでは1920年代から30年代にかけて、コーリン・クラークが初めて年間ではなく四半期ベースで国の収支を計算した。それまでになく緻密で、よく練られた情報だった。クラークは生産と支出をカテゴリごとに分類し、政府の財務状況についても詳細なデータを用意した。さらにインフレにともなう数値の調整方法について検討し、さまざまなグループに属する人々のあいだでの所得分配にも言及していた。1930年には、イギリス初の公的な経済諮問機関である国家経済諮問委員会（National Economic Advisory Council）からクラークに統計データ提供の依頼が来た。大恐慌を受けて、政府は未曾有の大不況から脱けだす手がかりとなる情報を切実に求めていたのだ。

海を渡ってアメリカでは、サイモン・クズネッツが同様の任務についていた。フランクリン・ルーズヴェルト政権も、終わりの見えない不況のなかで、より正確な経済の情報を必要としていたのだ。全米経済研究所（NBER）に政府から国民所得推計の依頼が舞い込み、クズネッツがクラークのやり方を応用してアメリカ版の国民所得計算を作成することになった（クズネッツはこの業績によって、のちにノーベル経済学賞を受賞している）。クズネッツは持ち前の細やかさを発揮してデータを扱った。データがとられた状況のちがいにも気を配り、それによる誤差を考慮して慎重に処理していった。[7] 彼が1934年1月に連邦議会に提出した最初のレポートは、アメリカの国民所得が1929年から1932年のあいだに半減していることを明らかにするものだった。この衝撃的なレポートは一部につき20セントで販売され、不況にもかかわらずベストセラーとなった。初版4500部はあっという間に売り切れたそうだ。[8] ルーズヴェルト大統領はこの数字を引用しながら新たな財政再建計画を発表し、1938年には最新版に更新されたデータ（1937年まで収録）を利用して補正予算案を議会に提出した。ある国民経済計算史の研究でも指摘されているが、国民所得推計の包括的なデータは政策を推し進めるうえで大きな力となった。前任のハーバート・フーヴァー大統領は株価指数や貨物輸送量といった断片的な情報に頼るしかなく、十分に危機感をあおることができなかった。一方、国内生産がたった数年で半減しているという正式なデータを見せられれば、対策が必要なことは誰の目にも明らかだった。

しかしクズネッツが本当にめざしていたのは、単なる生産量ではなく、国民の経済的な豊かさを測定することだった。彼は次のように述べている。

本当に価値のある国民所得計算とは、強欲な社会よりも先進的な社会の見地から見て益よりも害であるような要素を、合計の金額から差し引いたものであると思われる。軍事費や大部分の広告費、それに金融や投機に関する出費の大半は現在の金額から差し引かれるべきであり、また何よりも、我々の高度な経済に内在するというべき不便を解消するためのコストが差し引かれなくてはならない。都市文明特有の巨額の費用、たとえば地下鉄や高価な住宅などの価格は、通常は市場で生みだされた価値として扱われる。しかしそれらは実のところ、国を構成する人々の役に立つサービスではなく、都市生活を成り立たせるための必要悪としての出費でしかない。(9)

クズネッツの見解は、GDPに対する現代の批判を先取りしているといえるだろう。GDPはけっして、福祉や豊かさのレベルを計測するものではないのだ（この話題は第5章と6章で再び取り上げる）。だがクズネッツの主張は、時代にそぐわなかった。戦時には人々の暮らしなど後回しだ。この文章が書かれたのは1937年、完成した経済統計データを彼が最初に議会に提出した年だった。まもなく大統領はクズネッツの主張とは逆に、軍事支出もすべて含めた統計情報を希望した。政府の軍事支出が国の経済を縮小させてしまっては都合が悪いからだ。この点はまさに戦前の国民所得計算における悩みの種だった。たとえ軍事費が経済の一部をうるおしていたとしても、民間の消費に利用できる財が減少すれば、経済は縮小したことになってしまう。1941年に新設された物価統制・民需供給局が翌年の政府支出拡大を提案したときも、これがネックになって却下された。政府支出の拡大を人々に納得させるためには、国民所得の定義を書き換えなくてはならない。クズネッツの考えるようなものではなく、現在のGDPのような形にする必要があったのだ。

方法論をめぐる激しい論争が巻き起こった。一方にはクズネッツ、他方には商務省のミルトン・ギルバートをはじめとする経済学者たち。議論の内容は高度に専門的なものだったが、その背後にあるのはきわめて根本的な問題だった。経済成長とは何か。そして、何のためにそれを測定するのか。ギルバートらの目的は明白だった。政府が支障なく財政政策を運用できるようなデータを作成することだ。初期のGDPの策定に関わったある人物は次のようにさらりと説明する。「国防や司法、教育、公衆衛生といった公共サービス提供のための公的機関へのお金の出入りは、消費の一部に含めて考えるのが便利でしょう。結局は総体としての消費者を代理する活動にすぎないわけですから(10)」。

アメリカの国民所得計算の歴史に関する公式な見解では、次のようになっている。

GNP（国民総生産）ができる以前には、国民所得の算出額から防衛費の算出額が誤って差し引かれることもあった。その残りが、軍事以外の目的で生産された財やサービスの総量だというのである。……これは厳しすぎる評価であった。なぜなら国内で生産される財やサービスの市場価値総額には防衛費が含まれており、この計算では国民所得がその総額を下回ってしまうからである……

政府の購入物をすべて国民生産に含めることにより、ＧＮＰ統計は経済における政府の役割を最終消費者、すなわち自身が使う目的で財やサービスを購入する者として規定した。[11]

アメリカ初のＧＮＰ統計は１９４２年に発表された。政府支出を含めた支出のタイプがいくつかに分かれており、戦争のための生産力を分析しやすい形になっている。「事業税および減価償却費を（市場価格で計算されたＧＮＰに）含めたことによって、戦争の経済に対する影響をより正確に予測できるようになった[12]」。

クズネッツはこのやり方にかなり懐疑的だった。「商務省のやり方は、政府支出が経済成長の数字を増大させることを同語反復的に認めているにすぎず、人々の豊かさが向上するかどうかは考慮されていない」と彼は論じている。[13]だが結局、クズネッツは政治的争いに敗北し、戦争を見据えた現実路線の政策が勝ちを収めた。

この決着が、国民所得計算のターニングポイントとなった。ＧＮＰ（そしてのちのＧＤＰ）が映しだす経済の姿は、それ以前に考えられていた経済の姿とはまったく異なるものだった。18世紀初めに近代の産業が産声を上げて以来、20世紀前半までの2世紀にわたって、「経済」といえば民間のものを指していた。政府は脇役にすぎず、話題にのぼるのは主に戦争のための増税という文脈においてだった。ただしその間、政府の役割が着実に大きくなってきていたのも事実だ。19世紀半ばのヴィクトリア時代以降、政府はそれまでの国防と司法の役割に加えて、道路や水道の提供といった現代的な役割にも手を広げた。第二次大戦がはじまり、現代のＧＤＰの概念が生まれるころには、政府は以前よりもはるかに巨大な存在となっていた。政府にしてみれば、既存の国民所得の額から国防費を差し引くのは、戦争が民間の消費支出に大きな犠牲を強いるという誤った印象を与える行為だ。独裁的な君主が戦争のために税金を徴収するというイメージはまずい。あくまでも民主的に、人々の所得を集めて公共サービスと社会保障を提供するのでなくてはならない。政府支出を経済から差し引くのではなく、加えるという考え方には、こうした民主的な政府というイメージへの移行を助ける意味合いもあった。

一方、1939年にドイツに宣戦布告したイギリスは、アメリカよりも早く同じ結論に達していた。コーリン・クラークによる初期のアプローチは、きわめて優秀かつ有力な経済学者ジョン・メイナード・ケインズの手によって拡大され、塗り替えられることになった。1940年に発表した小冊子『戦費調達論』のなかで、ケインズは当時の経済統計のあり方を強く批判した。イギリス経済はどれほどの生産力をそなえているのか、兵力の動員と戦闘にどれだけのものが必要なのか、人々の消費可能な財はどの程度残されるのか、そして人々の生活水準はどこまで下がることになるのか——そういった点を計算するのに、当時の統計データではまったく不十分だというのだ。戦争の計画には、何を使ってどれだけ生産できるのかというような、個々の産業に関する詳細なデータが不可欠になる。ケインズはこう述べる。「先の戦争以来の政府はすべて非科学的で蒙昧であり、何よりも重要な一連の事柄をお金の無駄と見なしてきた」[14]。

1930年代を通じて、米英以外の各国でも同様の研究は進められていた。オランダをはじめ、ドイツやソ連でもGDPの概念が発達してきていた。こうした取り組みを支えていたのは、やはり戦争という原動力である。全米経済研究所の所長をつとめたウェスリー・C・ミッチェルはいう。「20年間にわたる幾通りにも分類された国民所得の推計が、いかに多くのやり方でいかに大きく第二次世界大戦を支えてきたか。これは戦争の費用調達に関わってきた人にしか本当には理解できないでしょう(15)」。

イギリス財務省の要職にあったオースティン・ロビンソンはケインズの戦費調達論に感銘を受け、若手経済学者のリチャード・ストーンとジェームズ・ミードに新たな統計データの作成を依頼した。現代の国民経済計算およびGDPの原型となるものである。ストーンとミードの作成したデータは、1941年のイギリス政府予算案とともに発表された。ケインズは政府の職についていなかったが、財務省内にオフィスを与えられてふたりの仕事を監督し、つづいて国の新たな統計機関である中央統計局の設立にも尽力した。のちの1984年に、ストーンはGDPおよび国民経済計算を開発した功績でノーベル経済学賞を受賞することになる（このときミードは貿易理論ですでにノーベル賞を受賞していた）。さらに戦後になると、ストーンはGDPの定義と測定を国際的に調整・統一するうえでもきわめて大きな役割をはたした。この動きは、米英の専門家同士の話し合いという形ではじまった。1946年5月、ニューヨーク市立大学ハンター校に米英の統計専門家が集まり、国連に提出する国の統計データの収集について討議がおこなわれた。

戦争のために発展した手法は、戦後の復興期にもやはり必要とされつづけた。1947年6月5日、ハーヴァード大学でおこなわれたスピーチで、ジョージ・マーシャル国務長官はアメリカが各国の戦後復興を支援するつもりであることを発表した。

人々の絶望に起因する世界的な士気の喪失や社会的混乱の可能性はいうに及ばず、それによってアメリカの経済が悪影響を受けることは誰の目にも明らかです。世界経済の健全化に向けてアメリカが全力を尽くすのは理にかなったことであり、それなしでは政治的安定も確実な平和も望めません。我々が戦うべき相手は特定の国や信条ではなく、飢えと貧困、それに絶望と混乱です。我々の目的は、世界経済をふたたび正常に戻し、自由主義的な諸制度を可能とするような政治的・社会的状態をもたらすことにあるのです。(16)

ハリー・トルーマン政権はこのヴィジョンに従い、1946年から1952年までのあいだに約1480億ドル（2004年の価値に換算）の経済的支援をおこなった。(17) 壊滅的だったヨーロッパ諸国の存続と再建は、このマーシャル・プラン（欧州復興計画）に大きく依存していた。あらゆるものが不足していた時期であり、かぎられた資源の使われ方を追跡することは急務であった。まもなく国連が指揮をとり、国際的な経済測定の基準がつくられることになった。これが現在、国民経済計算体系（SNA）と呼ばれるものである。

こうしてできあがった経済全体の統計には、まもなく別の使い道がみつかった。ケインズがこうした数字の必要性を説いたのは戦費調達計画のためだったが、戦争がはじまる前の時期には有名な『雇用、利子および貨幣の一般理論』をすでに発表していた。経済学の古典となったこのテキストの核心をなしているのは、さまざまな経済変数どうしの関係性だ。この経済変数には国民所得に加えて、個人消費や投資、雇用、利率、政府支出が含まれる。政府の動かせる数字が経済の大きさにどう影響するかをケインズは論じた。この理論が1940年代以降の介入主義的な経済政策の基礎となっていく。財政政策（税収・政府支出）と金融政策（金利・融資）を駆使して、より高く安定した経済成長をめざそうというやり方だ。

経済を動かすこれらのツールが本格的に使われはじめたのは、1946年4月にケインズが早すぎる死を迎えたあとのことだった。大恐慌の傷跡がいまだ残るなかで、戦後の政治家たちはあのような危機を繰り返すまいと、ケインズおよび後継者たちの理論に飛びついた。見逃してならないのは、GDPがなければケインズ派のマクロ経済理論は戦後経済政策の基本原則になりえなかったという点である。福祉を重視するクズネッツのやり方が廃れ、政府支出を組み込んだGDPが開発されたことによって、国の経済における政府の役割は大きく変化した。GDP統計とケインズ派のマクロ経済政策は車の両輪であり、1940年以降のGDPの歴史はそのままマクロ経済学の歴史だった。GDPという経済統計が用意されたおかげで、需要管理という考え方が実行可能で科学的なものとみなされるようになったのだ。

さらにこの時期、国民経済統計を使って計量経済的「モデル」を作成するという手法が登場し、経済のコントロールという風潮に拍車をかけた。そうした経済モデルを初めて開発したのは、米英に劣らない早さでGDPを取り入れていたオランダ出身の経済学者、ヤン・ティンバーゲン。世界初のノーベル経済学賞受賞者である。マクロ経済のモデルは、要素間の関係を表す一連の等式でできている。金利と投資の関係や、個人所得と消費支出の関係などだ。計量経済学では過去のデータをもとに、統計的手法を用いてこれらの数量的な関係を導きだす。たとえば「個人所得の増加分のうち40パーセントが消費に回される」というような傾向を算出し、そこから導きだされる経済モデルを使って未来を予測する。とりわけ重要なのは、増税などの政策変更が経済にどう影響するかを見積もることだ。もしも政府が財政支出を100万ドル増やしたら（あるいは税金を100万ドル減らしたら）、人々の可処分所得が増え、財やサービスを多く購入するようになる。そうやって売上が増えれば売る側の人の所得も増え、彼らもまたお金を多く使うようになるだろう。問題は、その結果としてGDPが最終的にどれだけ増加するかということである。そこにはさまざまな要素が絡んでくる。人々は増えた所得の何割を消費し、何割を貯蓄に回すのか。消費増による資金需要の増加は、どの程度の金利上昇につながるのか。短期的に供給よりも需要が上回ることで、インフレ率はどれだけ上がるのか。政府支出の増加はつねに民間の支出を増やすとはかぎらず、逆に減らしてしまうこともある。経済学で「クラウディング・イン（誘発効果）」と「クラウディング・アウト（押しのけ効果）」と呼ばれる現象だ。前者の場合は「財政乗数」と呼ばれる数値が1より大きくなり、後者の場合は1より小さくなる（場合によってはマイナスになる）。財政乗数の値を見れば、政府支出や税収の変化に対してGDPがどれだけ変化するかを予測できるわけだ。

ケインズ自身はその有効性をかなり疑問視していたにもかかわらず、計量経済学的モデルは介入主義的な経済政策に欠かせないツールとなっていった。40年代後半から70年代後半の経済危機の時期まで、介入主義は経済政策の主流となった。次から次へと新しいモデルが生まれ、経済予測という新たなビジネスも出現した。経済予測の先駆者としては、データ・リソーシズ（DRI）の創業者オットー・エクスタインらがいる。[18] いまや私たちは、あふれんばかりのマクロ経済モデルとそれに基づく予測に囲まれている。政府系機関、中央銀行、投資銀行、シンクタンク、研究者、それにDRIのような専門業者が、それぞれに経済予測を発表している。経済という機械は適切な政策のハンドルさばきでコントロール可能である、という考え方はあまりにも魅力的だった。エンジニア出身の経済学者アルバン・ウィリアム・フィリップスは、お金の流れを模したMONIACというマシンをつくり、政府の介入でその流れが増える様子を実演してみせた（図1）。今では骨董品としていくつかの大学に残されているだけだが、経済を機械と考えるエンジニア精神は今も経済政策の世界を力強く支配しつづけている。

経済をぴたりとコントロールするという40年代の幻想はその後の数十年間のできごとによって打ち砕かれたはずだが、マクロ計量経済モデルはいまだに広く活用されている。政府の介入や政策変更がどのような効果を生むのか、それを予測しないわけにはいかないからだ。今では経済モデルもはるかに複雑かつ精妙になり（経済そのものが複雑化したこともその一因だが）、経済変数間の関係性には未来への期待の影響まで組み込まれるようになった。それにもかかわらず、2008年の経済危機が起こり――主流の経済予測家たちはこれを予測できなかった――経済予測に対する疑問の声が噴出している。個々の行動を集合的に捉え、その総体としての指標（つまり国民経済計算に定義されている統計項目）に一定の関係性があると想定する考え方が、はたして正しいのかというのだ。とりわけ財政乗数をめぐる議論は白熱した。景気刺激策としての政府支出の増加や減税がGDPの成長を促すかどうかは、乗数の値にかかっている。もしも乗数が1より大きいなら、景気刺激策が有効にはたらき、逆に引き締め政策は害になる。ところが乗数の数値については経済学者のあいだでも意見が分かれ、経済成長を

図1　フィリップスが開発したMONIAC（Library of the London School of Economics and Political Science, IMAGELIBRARY/6 より）

促すためにどの程度の財政出動や減税が必要なのかをめぐって激しい論争が繰り広げられている。もちろん、この「乗数戦争」で経済学者たちが各々主張する値は、テクニカルな面だけでなく政治的志向にも影響されている。金融危機以降、ヨーロッパや日本ではずっと緊縮財政がつづいていた。ところが2013年初頭、IMFのチーフエコノミストがそれまで財政乗数を過小評価していたことを認め、金融危機の初期における財政乗数が1を大きく上回っていたと発表した。つまり緊縮財政はGDPの短期的な成長を助けるどころか、逆に妨げていたというのである。[19] ただしIMFの報告書には、実際の乗数は国や時期によって異なり、一概にいえるものではない（推定値はおおむね1より大きいが）と明記されている。GDPおよび国民経済計算とともに発展してきたマクロ経済モデルの機械的なアプローチがどの程度有効なのかは、今も疑問のままである。

GDPとは何か

ここまで見てきたように、国民所得の測定には長い歴史があり、それに対する人々の見方もさまざまに移り変わってきた。リチャード・ストーンがいうように、国民所得は「それ自身で存在する事実」ではなく「経験的につくられた概念」でしかない。「所得を突き止めるためには、所得という概念を導きだすための理論を仮定の上に組み立て、この概念を一連の事実と対応づける必要がある」。[20]

GDPは、実世界に存在して経済学者に計測されるのを待っているような実体ではない。それは抽象的な概念であり、半世紀にわたる世界中の議論と標準化の試みを経ておそろしく複雑になったものだ。国民経済計算の専門家向けマニュアルには数百ページの厚みがあり、その細部をいくらかでも理解するには相当な時間と労力が必要になる。だが私たちはここで、ＧＤＰの基本をざっくりと見てみよう。

ＧＤＰの定義と求め方

ＧＤＰの定義を前提知識なしでわかるように説明するのは、意外なほどに難しい。ここで説明する内容は、何も知らない人には少々ややこしいかもしれないし、専門家から見ればあまりに単純すぎるかもしれない。ＧＤＰの理解を深めることは、コンピュータゲームで少しずつレベル上げをしていくのに似ている。

ＧＤＰとその構成要素を算出するやり方も、少しずつ着実に複雑化してきた。その理由は統計手法が高度になったことに加えて、経済自体が複雑さを増しているからだ。たとえば、経済におけるサービスの比率は年々増加しているが、サービスの生産量は本来計測しづらいものだ。トラクターや綿織物を測るのとはわけがちがう。国際的なマニュアルとして国連が作成した国民経済計算体系（ＳＮＡ）は、１９５３年の最初のバージョンでは50ページにも満たないものだったが、２００８年時点では７２２ページにまでふくれ上がっている。それに加えて、一般的な解説マニュアルが４００ページある。(21) これほどの内容を細部まで理解している専門家はごく一握りだ。つまり世の中のほとんどの人は、日々目にしているＧＤＰがどうやってできているかを完全には理解していない。ＧＤＰについて語っている経済専門家を含めてである。さて、それでは大きく深呼吸をして、ＧＤＰの世界に出発しよう。

まずは基本的なところから。ＧＤＰを求めるには三つの方法がある。一つは「生産」の総計を求める方法、二つめは「支出」の総計を求める方法、そして三つめは「所得」の総計を求める方法だ。どの方法をとっても、結果は原則的に同じ値になる。表1は、アメリカの２００５年のＧＤＰ内訳を、この3種類の観点からそれぞれ示したものだ。

以下、ＧＤＰの説明を進めていくが、その前に経済を測るうえでのもうひとつの基準である「国民総生産（ＧＮＰ）」にふれておこう。ＧＤＰが国内で生産された価値の合計を表すのに対し、ＧＮＰは国民が国内外で生産した価値の合計を表す。つまり両者の主な違いは、ＧＮＰが国外における生産（あるいは所得）を含んでいることにある。小さな国（アイルランドやルクセンブルクなど）にとって、この差は大きい。多くの国にとっては取るに足らないちがいだが、それでもＧＤＰのかわりにＧＮＰを使うケースはある。またＧＤＰは「総」生産の名のとおり、資産価値の下落（つまり経年劣化）を考慮しない。この下落分を差し引いた場合、正味の値である国内純生産が求められる。この指標もある意味で興味深いのだが（これについては第6章で述べる）、普段の議論で言及されることは少ない。

ではＧＤＰの話に戻ろう。ＧＤＰの全体像は、図2に示した「循環フロー図」というもので表されることがある（フィリップスがつくったＭＯＮＩＡＣは、これを大小の管で表現したものだ）。

この図を見ると、国の経済が会社の帳簿のように左右で釣り合っていることがわかる。たとえば消費者がお金を使うと、それを売った企業にお金が入る。経済全体で見たとき、お金の流れはつねにバランスがとれているわけだ。

新聞やテレビでよく使われるＧＤＰの捉え方は、支出面から見たものだろう。消費者の財布の紐が

表1　GDP 測定の三つの方法

Ⅰ. 付加価値（もしくは生産）アプローチ	2005 年割合（%）
総産出（総販売から在庫変動を引いたもの）	183.5
－中間投入	83.5
＝各産業の付加価値	**100.0**
Ⅱ. 所得（種別）アプローチ	
雇用者報酬	56.6
＋賃貸料	0.3
＋営業余剰および事業者所得	17.6
＋生産・輸入品に課される税	7.4
－補助金	0.5
＋利子および雑支出	5.5
＋固定資本減耗	12.9
＝総国内所得	**100.0**
Ⅲ. 最終需要（もしくは支出）アプローチ	
家計による最終財および最終サービスの消費	70.0
＋工場、設備、ソフトウェアへの投資	16.7
＋財とサービスへの政府支出	19.0
＋財とサービスの純輸出（輸出－輸入）	-5.7
＝国内生産の購入者による最終販売	**100.0**

出所：J. Steven Landefeld, Eugene P. Seskin, and Barbara M. Fraumeni, "Taking the Pulse of the Economy: Measuring GDP," *Journal of Economic Perspectives* 22, no. 2 (2008): 193-216.

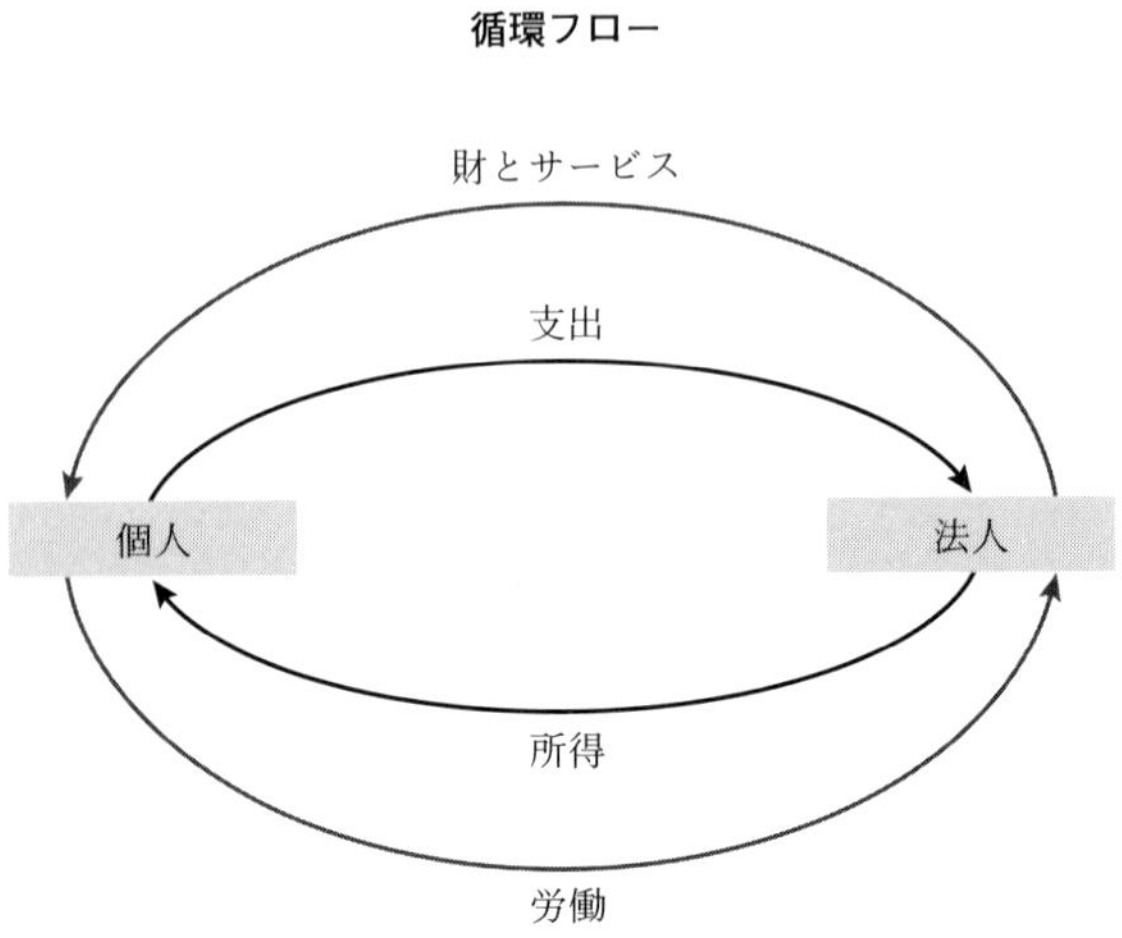

図2　循環フロー

ゆるんだとか、企業が投資を控えているというようなコメントを聞いたことがあるはずだ。経済学の初歩をかじった人なら、次の公式に見覚えがあるのではないだろうか。

GDP = C + I + G + (X − M)

Cは消費者支出、Iは投資、Gは政府支出、Xは輸出、Mは輸入をあらわす。考え方はいたってシンプルで、国内で使われたお金をすべて足せばGDPになるということだ。支出はケインズの分類に従っていくつかのカテゴリに分けられる。消費（家計・個人）、投資（企業）、政府支出（財やサービスに対する支払いだけで、年金や社会保障を含まない）、それに輸出と輸入。[22] それぞれのカテゴリはさらに、食費、建物への投資、教育に対する政府支出といったように細かく分類できる。

ただし、実際の計算はきわめて複雑だ。どこまでも細かいことが問題になる。ひとことで消費といっても、実際どうやってその量を求めればいいのか。ある解説文を引用すると、「コモディティ・フロー法では、まず生産者側の総売上高（あるいは総出荷額）を求める。この金額に（a）輸送費、（b）卸売・小売マージン、（c）売上税、（d）輸入をそれぞれ足す。次にそこから（e）在庫増減、（f）輸出、（g）企業への販売分（中間財にあたるため）、それに（h）政府への販売分を差し引く。こうすることで消費者に対する最終販売価値の一貫した推計を算出できる」[23]。こんな調子である。

さらに、境界があいまいなものもある。たとえば一般の人が10年使う車を買うのは「消費」なのに、企業が2年しか使わないソフトウェアを買うのは「投資」支出になる。また企業の在庫増減は、意図的でなく結果的に増えたとしても、投資支出に含められる。それに支出の一部は、直接購入されていないサービスの推定価格にすぎない。たとえば持ち家に住んでいる場合の、家賃にあたる価格などがそうだ。

生産面からGDPを見た場合（付加価値アプローチ）、表1のように概要はさらにシンプルだが、やはり実務になると個々の要素について煩雑な処理が出てくる。要は国内で生産されたすべての財やサービスの合計を求めればいいのだが、企業が何かを生産するときには、ほぼ確実に別の企業の生産物を利用している。単純に足すだけでは重複が生じ、実際の生産量よりも多く数えてしまうということだ。これを避けるためには、生産に使う「中間財」の分を合計価格から引かなくてはならない。かつてはこれが厄介な問題で、あれこれのデータを継ぎ合わせてなんとか算出していた。しかし1950年代にワシリー・レオンチェフ（彼もノーベル経済学賞を受賞している）が投入と算出を分析するための産業連関表を考案し、経済全体における中間財の売買を追跡しやすくした。これを使えば、生産の「付加価値」が容易に求められる。このやり方は1960年代から現在にいたるまで、国民経済計算の生産面を明らかにするために活用されている（旧ソ連では生産計画をつかさどる国家計画委員会がこのやり方を取り入れ、1959年に早くも最初の産業連関表を公開した）。

もうひとつGDPの実務で重要なのは、通常の季節変動を調整することだ。7—9月四半期に比べて10—12月四半期の消費が多かったからといって、景気がよくなったことにはならない。クリスマスシーズンには毎年消費が増えるものだからだ。問題は、今年の増え幅が例年に比べて多いか少ないかである。だから「季節調整」という統計手法を入れて、通常の季節ごとの波を平らにならす。普段テレビや新聞で目にしたり、専門家が分析に使ったりしているのも、季節調整後の数字だ。国の統計機関は調整前の数字をもとに、「通常の」季節変動パターンを加味して数字を調整する。ここでたとえば異常な猛暑や、曜日の関係で普段より大型連休になるなど変則的なパターンが出てくると、調整はかなり厄介な作業になる。

GDPに含まれる経済活動の価値は、基本的には市場価格で計算される。ただし、たとえば政府支出は市場でおこなわれるわけではないので、政府がサービス従事者に払った給料、あるいは民間で同様のサービスを利用した場合の価格をもとに見積もることになる。また市場価格にかわる方法として、要素費用という価格を使うこともある。市場価格から生産品にかかる税額を引き、政府からの補助金（価格低下をもたらす）を足したものだ。この2種類の計算方法による差異は「要素費用調整」によって埋められる。

前にも述べたが、ＧＤＰは「総」生産なので、老朽化による価値の下落を考慮しない。この点は一部の家計消費にも影響するが、何よりも企業で長年メンテナンスしながら使うような設備投資では大きなちがいとなる。この価値下落分（減価償却費）をＧＤＰから差し引くと、国内純生産（ＮＤＰ）が求められる。

もうひとつのＧＤＰの求め方は「所得」の合計である。家計や企業の会計と同じように、国民経済計算でも収入と支出は原則的に一致する。つまり国内のすべての支出の合計が、国内のすべての所得の合計に等しくなるということだ。所得はいくつかのカテゴリに分けられる。給料や自営収入、利子や配当、事業の利益、海外からの収入などだ。ただし実際には、支出と所得ではデータの出所がまったく異なる（しかも広範囲にわたる）ので、ぴたりと一致することはけっしてない。その統計的差異は、場合によってはかなり大きな数字になる。アメリカやイギリスの公式な統計では、この差額も公開されている。

さて、ここまでは「名目」上の数字について話してきた。つまり、お札の額面そのままということだ。しかし経済政策を考えるうえでは、インフレの影響を考慮した「実質」の成長率を知る必要がある。インフレによって名目ＧＤＰだけが伸びている状態は、経済にとって悪い兆候だ。１９７０年代半ばに原油価格が高騰したときには、各国政府が対応を誤り、インフレ率が高いのに実質ＧＤＰは低成長あるいはマイナス成長に留まるという「スタグフレーション」に苦しんだ。生活水準が下がり失業率が上がっているのに、名目ＧＤＰだけがどんどん伸びていたのだ。こうした事態を避けるためには、インフレ率を知るために物価のデータを集めて全般的な物価指数を作成する必要がある。「ＧＤ

Pデフレーター」と呼ばれるものだ。

物価指数の作成とインフレ率の計算には、さまざまなやり方がある。インフレ調整はとても煩雑な処理で、統計にまつわる問題のなかでもいちばん難しいほどだ。計算には、まず基準年と後の年について、それぞれの財やサービスがいくらでどれくらい売れたかというデータが必要になる。多くの場合、基準年または後の年の販売量の割合に応じて、商品ごとの「ウェイト」すなわち重みづけを決定する。個々の販売量に応じて重みづけを変えつつ、すべての財とサービスの価格をひとつに合体させるのだ。要するにこの「ウェイト」は、特定の年の経済活動においてその商品がどれほど重要かを表している。こうして求められた数値は、基準の年で100になるように定期的に「基準改定」される。後の年の物価指数は、同じウェイトをそれぞれの財とサービスの値上がり幅に当てはめて計算していく。そして最終的に、102・5とか104・3のような数字が出てくる（100より小さい場合は物価が下がったことを意味する）。この物価指数を後の年の名目GDPに割り振ると、基準年の通貨で見た実質GDPが求められる、というわけだ。こうした調整手順がなぜ重要なのかは、このあとで言及する。

そこそこシンプルに説明したつもりだが、現実にはこのほかにも計算方法が何十通りもあり、しかもそれぞれに異なる結果が出てくる。[24] インフレの影響を差し引いた本当の経済成長率を計算したいのに、計算方法のちがいで「実質の」結果がいかようにも変わってしまうのだ。

アフリカは本当に貧しいのか

アフリカは貧しいに決まっている、と思うかもしれない。先進国の人間には「アフリカ」といえば

「飢餓」という先入観があるからだ。ところが実際には、アフリカが貧しいかどうかを判断するのは思ったより難しい。先ほど説明したGDP計算の煩雑な調整が、ここに大きく関わってくる。ガーナを例に挙げよう。支援団体がある国への支援を検討するときには、実質GDPが鍵になる。1人あたり実質GDPが世界銀行の決めた基準値に達しているかどうかで「低所得国」や「中所得国」のように判定されるのだ。この判定次第で、金銭的支援や低金利の融資など、受けられる支援の種類が決まる。さて、ガーナは2010年11月まで、低所得国に分類されていた。つまり貧しいということだ。ところが2010年11月5日から6日のあいだに、ガーナのGDPは一夜にして60パーセントも上昇し、「低位中所得国」へとランクアップした。実際の経済が変わったのではなく、GDPの計算方法が変わったためだ。ガーナの統計機関はこのとき、物価指数の計算に使うウェイトの基準を1993年以来初めて更新した。その結果、実質GDPが大きく書き換えられたのだ。ナイジェリアやウガンダ、タンザニア、ケニア、マラウイ、ザンビアの各国も、現在同じような修正を進めている。ナイジェリアの経済はすでにアフリカのなかでも豊かなほうだが、携帯電話やノリウッド映画など新たな産業の伸びを計算に入れた場合、2014年のGDPは40パーセントも跳ね上がることになるという試算がある。[25]これは南アフリカ共和国に匹敵する経済規模だ。2014年の正式な結果が出てきたら、ナイジェリアの経済はガーナと同じくらい過小評価されていたと判明するかもしれない。アフリカ諸国はアメリカやイギリスほど豊かではないにしても、どうやら私たちが考えていたほど貧しくはなさそうだ。

経済の構造は時とともにがらりと変わるので、古いウェイトを使いつづけることには問題がある。

アフリカやアジアや南米では、グローバリゼーションや携帯電話の発達といった新たな現象をまったく考慮に入れずにGDPを計算している国も多い。支援機関が資金提供して実質GDPの計算精度を上げる試みも進められているが――PARIS21（21世紀の開発に向けた統計のパートナーシップ）というプログラムが結成された――しかし結果が出るのは2020年以降という気長な計画である。(26) そもそも世の中のどんな業種が何を売っていて、人々が何を買っているのかといった基礎的なデータを集めるというやり方には根本的な脆さがある。こうした情報を集める調査は、ひんぱんにおこなわれるわけではない。実際、経済の国際比較によく使われる一連のデータを精査したところ、45カ国中24カ国で物価調査データが存在しなかったという最近の報告もある。(27) いくつかの国では1968年に算出されたウェイトをいまだに使っているし、サハラ以南のアフリカで10年以内にウェイトを更新した国は10カ国しかない。(28) こうした国々で物価のウェイトを更新したら、実質GDPの値は大きく跳ね上がるはずだ。アフリカの経済状況に対する私たちのイメージも、がらりと変わることになるかもしれない。サハラ以南のアフリカの経済はこの20年間、「正式な」値の3倍のスピードで成長していたという推定もある。(29)

こうした理由から、先進国では実質GDPの計算に「連鎖方式」の物価指数を使うことが多くなっている。さまざまな品物の物価をひとつにまとめるためのウェイトを、毎年更新していくやり方だ。これによって、基準年のウェイトが現実の経済からどんどん乖離するという問題は避けられる。ただしこの方式の主な問題点は、実質ベースの各商品の価格総計がGDPの値と釣り合わなくなることだ。連鎖方式でインフレ調整した価格を使うと、GDP＝C＋I＋G＋(X－M)の等式が成り立たなくなるのである（価格とウェイトがひんぱんに変わることで、計算の端数がときに無視できないほど大きくなるため）。

連鎖方式を使うと、ちょうどウェイトの基準改定をしたときのように、経済の大局的な見え方が変わってくる。たとえば、先述のアンガス・マディソンが経済協力開発機構（ＯＥＣＤ）のために作成したもののようなＧＤＰの歴史統計は、連鎖方式を使わずに計算されたものだった。もしも連鎖方式を使ったら、世界の経済成長の様子はかなりちがったものに見えてくるはずだ。マディソン自身も「この時代（１９５０年以前）に新たな統計手法をあてはめたなら、アメリカの歴史は大きく再解釈されることになるだろう」と述べている。１９１４年のアメリカの生産性はイギリスよりも低くなり、１９２９年までの成長率とＧＤＰ水準もアメリカがイギリスに大きく劣ることになるのだ[30]。これを受け入れるなら、経済史の一般的な見方が書き換えられることになるし、何が経済成長を促すのかという説明——現実の政策に深く関わる問題だ——にも再考の必要が出てくる。19世紀および20世紀の経済の姿を、これまで誤って捉えていたことになるからだ。最近の途上国の例が示すように、物価指数の計算方法変更は経済成長の見え方をがらりと変えてしまう。物価指数をいかに正確に算出するかという問題は、単なる技術的な議論にとどまらない。手法の選択ひとつで、経済成長というものの大まかなイメージまでもが完全に書き換えられてしまうのだ。

シリコンバレーの悩ましい統計事情

シリコンバレーは、統計の専門家たちの悩みの種だ。ノートパソコンの値段は多少下がった程度かもしれないが、処理能力あたりの価格で考えると以前より格段に安くなっている。カメラや携帯電話やインターネット接続についても同様だ。これもまた物価にまつわる厄介な問題である。商品の価格上昇は、物価ではなく品質の向上を反映していることもあるのだ。この点を考慮しないと、実質GDPを過小評価してしまうことになる。長いあいだこの問題は無視されてきたが、90年代半ばからコンピュータや家電がものすごいスピードで進化するようになり、もはや見て見ぬふりはできなくなった。アメリカではこの問題に取り組むため、ボスキン委員会が結成された。ボスキン委員会が1996年に提出したレポートによると、生産性向上を正しく評価できなかったせいで、前年までのインフレ率が年間1・3パーセント・ポイントも過大評価されていたことがわかった。そのうちの半分は新製品や品質向上に由来するものである。[31] この報告以降、この種の製品やサービスについては「ヘドニック指数」という物価指数を採用する国が増えてきた。これは商品の販売価格だけでなく、さまざまな品質特性との関わりで物価を評価するやり方である。ヘドニック指数の導入は、GDP統計をさらに複雑にすることになった。この問題については、最後の章でもういちどふれようと思う。

幻の1976年危機

第3章で述べるように、1970年代は経済にとって最悪の10年だった。経済成長率は低く、インフレ率は高かった。イギリスの状況はとくに厳しく、貿易赤字がどんどんふくらんだ。貿易赤字の対GDP比は見たことがないほど高くなり、輸入品の支払いに充てる外貨が足りなくなるのではないかと危ぶまれた。金融市場の信頼が失われ、ポンドの価値は暴落した。当時の大蔵大臣デニス・ヒーリーは、ワシントン訪問のため空港へ向かっていた途中で引き返し、慌ただしく記者会見を開いてイギリスがＩＭＦの緊急融資を申請したと発表した。融資を受けるためには、財政赤字のＧＤＰ比率を一定以下に切り下げる必要がある。当時の労働党内閣は財政支出の急激な削減を迫られた。それから３年後の選挙で労働党は惨敗し、マーガレット・サッチャー率いる保守党が政権を握った。ところが後に――しかるべき時間が経ってから――貿易赤字とＧＤＰの数値が修正され、あの「危機」が実はそれほど深刻ではなかったことが明らかになった。ヒーリー元大臣は当時の騒動を振り返り、「もしも正しい数字がわかっていたら、緊急融資を求める必要などなかった」とコメントしている。[32] もしも前政権がＩＭＦに救済を求めるという騒ぎがなかったとしたら、はたしてサッチャーはあれほどの大勝利を収めることができたのだろうか？

統計の専門家たちは、つねに時間に追われながら最新のデータを作成している。ある四半期のＧＤＰの速報値は、より詳しいデータが出てくるとまず例外なく修正値に書き換えられる。ときにはかなり大きな修正になることもあり、景気対策に翻弄する政策立案者たちを混乱させる。税制や政府支出や金利を調整することで経済を微調整できるという考え方は、１９７０年代の手痛い失敗のおかげで経済学者には信用されなくなっているが、それでも景気が悪くなると政府や中央銀行には何らかの対策を打つようプレッシャーがかかる。２００８年の金融危機以後がまさにそういう時期だった。ある四半期のＧＤＰがたとえば０・２パーセントの減少だったとしても、数週間後には修正値でゼロまたはプラスに転じる可能性は十分にあるのだが、それがわかっていたところで政府に対するプレッシャーが弱まるわけでもない。

GDPの計算にともなう技術的な（だが重大な）問題はほかにもある。そもそもデータの収集からして正確とはかぎらない。情報源は多種多様で、アメリカ商務省経済分析局が5年ごとにおこなう経済国勢調査のような大規模調査から、貿易機関が収集するデータや一部企業へのアンケート調査による個々の製品の生産に関する月例データ、さらには政府の統計機関による物価のサンプル調査、納税申告書その他にいたるまで、ありとあらゆるデータの寄せ集めだ。ここでも実務上の問題が多数出てくる。そのひとつがGDPの大半を占めるようになったサービス部門のデータ収集の難しさである。事業所の情報を収集する標準的な調査では、サービス部門が十分にカバーされていない。それに、購買習慣の変化を把握しつづけるのも難しい。人々の買い物は地元の商店から大規模なチェーン店へと移行し、業者が仕入れに使うような大型店での買い物も増加した。最近ではオンラインショップへの移行も進んでいる。さらなる問題は、人々の所得の価値が把握しづらくなったことだ。昔は総報酬に占めるストックオプション割合は小さかったが、最近ではかなり存在感を増している。

つまりGDPとは実際のところ、数々の統計データの寄せ集めに複雑な一連の処理をほどこし、概念的枠組みに合うよう綿密に加工した数字なのだ。

「生産の境界」をめぐる問題

GDPをめぐる問題はそれだけではない。技術的問題だけでなく、そもそもの定義に関する重要な概念的問題が残っている（そのうちのいくつかは後の章で論じる）。GDPの定義は年々変化しており、今も統計の専門家のあいだで激しい議論が繰り広げられている。

ＧＤＰの大半は民間部門の生産や支出に関するもので、これは先に述べたように、市場価格で測られる。ただし、市場で取引されないものもＧＤＰには多く含まれる。政府活動がそのひとつだ。これは値段がついていないので、公務員の給料などさまざまな方法で評価される。また政府支出の一部は、製造業者が道具を買うときのように、本来なら二重計上にならないよう差し引かれるべきものだ。ゴミ収集や消防活動は、最終的な成果物を得るための中間投入と考えたほうがいい。しかし実際にはそうされていない。これは主に、最終的な公的サービスと中間にある公的サービスの区別をつけるのが実質的に不可能なためだ。

そのほかに市場で取引されない品目としては、持ち家に住む人の「帰属家賃」がある。ふつう持ち家に家賃は払わないが、市場の家賃に相当する価値を払っていることにしてＧＤＰの計算に含めるのだ。一方で家事労働などのサービスは、測定が難しすぎるという理由でＧＤＰの計算に含まれない。その結果、おかしなパラドックスが生じる。たとえば雇っていたハウスキーパーと結婚して無償で家事をしてもらった場合、やっていることは変わらないのにＧＤＰは減少するのだ（この点は第5章でもあらためて論じる）。

こうした判断は「生産の境界」という問題に関わっている。何が生産に含まれ、何がちがうのかという問題だ。政府支出や家事労働（掃除や家庭菜園など）のように、境界があいまいなケースは多い。ＯＥＣＤの『国際経済統計ハンドブック』には、次のような説明がある。「一般政府の提供するサービスをＧＤＰに含めるのが一般的な見方となっています。それらは売買されませんが、生産（付加価値）として国民経済計算に算入され、一般政府による非市場サービスと呼ばれます。この付加価値は相当な量にのぼり、ＯＥＣＤ加盟国に関していえばＧＤＰのおよそ15パーセントから20パーセントを占めています[33]」（ただし後に見るように、この「一般的な見方」は比較的新しいものだ）。

家事が生産に含まれないというのも一般的な見方だが、もしも家事サービスの価値を含めた場合、ＧＤＰの数値は50パーセントも跳ね上がるといわれている（詳しくは第6章）。政府活動を大きく上回るインパクトだ。

より広範な問題として、「自己勘定」の生産と呼ばれるものもある。各家庭には料理に使う食材を栽培するか購入するかの選択肢があるが、同様に企業も製造に使う部品や給与計算などのサービスを自前で用意するか購入するか選んでいる。自前でやる場合、これらの部品やサービスはＧＤＰには加算されない。つくったものは生産の過程ですべて使ってしまうからだ。だが、もしも外注すれば、これはＧＤＰの計算に含まれることになる。このため、国民経済計算では付加価値という考え方に注目する。生産に使用した中間財やサービスに対し、その企業がどれだけの価値を付け加えたかという考え方だ。これを使えば外注でも自己生産でも同じ尺度で価値を測ることができる。付加価値は産出額（売上＋在庫増減）から仕入れなどの購入額を引くことで求められる。

さらにいえば、中間財購入と投資支出の線引きはいつでも明確なわけではない。２００８年以前の国民経済計算では、企業の研究開発費は原材料や洗剤を買うのと同じような扱いだった。つまり、最終的な産出に含まれない中間財ということだ。しかしその後、研究開発費は投資に含めるべきという方向に変わってきた。この方針転換はすでに（１９９３年から）理論上は採用されており、ソフトウェアへの支出は投資に分類されることになっている。これにより、国によってはＧＤＰが１―４パーセント上昇した。ただし実際には、変更をきちんと適用するのは難しい。多くの企業が、ソフトウェアの購入を投資として記録していないからだ。

それからもうひとつ、大きな問題となっている経済活動がある。金融サービスだ（これは第5章で詳しく論じる）。金融危機を受けて、金融サービスは統計的に適切に扱われているのかという疑問が生じてきた。はたして金融は、2008年以前に思っていたように、経済に貢献しているのだろうか？

最後にもう一点、しっかりと認識しておいてほしいのは、GDPが生活の豊かさを測る指標ではないという事実だ。よく指摘されるように、GDPの値は訴訟などの「ネガティブな」活動によっても増加する。ハリケーンや洪水の被害で橋や家の修繕が必要になれば、その費用もGDPに加算される。GDPは単に産出額を測るものであり、人々の豊かさは考慮の外なのだ。この問題については、GDPの歴史を追いながらさらに掘り下げていきたい。

第2章　黄金時代——1945—1975年

　それではふたたび、第二次世界大戦後のGDPの様子を見てみよう。戦争はあらゆる意味で破壊的である。1945年までつづいた全世界的な戦争は、あまりに多くの人命と資産を奪っていった。とくに敗戦国の被害はひどく、都市も工場も橋も道路も住宅も、戦争の最終局面で徹底的に破壊された。ドイツ、日本、スペイン、イタリアは、社会も経済もぼろぼろになった。戦勝国のイギリスとフランスでさえ状況はかなり厳しく、アメリカに対する多額の負債を抱えることになった。第一次世界大戦後には戦勝国がドイツに補償を求めたが、多額の賠償金はドイツを容赦なく追いつめ、1920年代から30年代にかけて政治と経済を不安定化させ、ヒトラーの台頭を招く結果になってしまった。1919年6月に賠償規定を含むヴェルサイユ条約を結んだ時点で、このことはすでに予想可能だった。ケインズの名を世に広めた『平和の経済的帰結』という小冊子も、この条約をあからさまに非難したものである。「この条約にはヨーロッパ経済の再建に関する規定がまったく含まれていない(1)」とケインズは警告した。

ドイツおよび同盟国が自国の食料もまかなえない状態になっていたのを見て、第二次大戦の戦勝国はより進歩的な方法をとることにした。マーシャル・プランによる復興支援だ。さらに第一次大戦後の歴史を繰り返すまいと、現在のＥＵ（欧州連合）およびＯＥＣＤ（経済協力開発機構）の前身となる国際機関も設立した。ＯＥＣＤ――１９６１年まではヨーロッパ経済協力機構（ＯＥＥＣ）と呼ばれていた――は、加盟国に対する経済のブレーン的な役割をはたす機関である。はじめは西ヨーロッパの国だけだったが、のちに日本が加盟し、つづいて「先進国」となった国々がいくつも加盟した。ＯＥＥＣはマーシャル・プラン基金の運用指揮をとるとともに、すべての加盟国の国民経済計算を集めて国家間で比較するという役割を担うことになった。現在では世界銀行をはじめとする国際機関が、世界のすべての国のＧＤＰ比較を発表している。中国の経済はアメリカを追い抜いたのか、ガーナは貧しいのか、といった問いに答えを与えてくれる数値だ。すでに見てきたようにその答えは単純ではないが、それでも実質ＧＤＰの成長が経済の状態を知るうえでもっとも重要な指標であることは事実だ。終戦直後の時期はなおさらそうだった。マーシャル・プランがうまく機能しているかどうかを知る必要があったからだ。

マーシャル・プランは、うまくいった。その後30年にわたって高い成長率と低いインフレ率を導いたほどだ。各国政府は経済を手なずけているように見えたし、多くの国では戦争動員期に始めた経済計画を継続していた。失業率は低く抑えられていた。いくらか問題点もあったとはいえ――イギリスの住宅不足や、戦後も何年かつづいた食料配給など――現代の豊かな消費社会の基礎は順調に築かれつつあった。米英で「黄金時代」と呼ばれ、フランスで「栄光の30年」と呼ばれる時代だ。黄金時代という響きのとおり、人はこの時代を甘い郷愁をもって振り返る。そして不思議に思う。なぜ私たちは、政府がＧＤＰを思いどおりに操っていたあの時代に戻れないのだろう？

戦後の黄金時代

嫌な事実だが、災害の直後にはＧＤＰが一時的に急上昇する。ＧＤＰは国の資産やバランスシートを測らず、年ごとの所得・支出と生産のフローを見るだけだ。だから自然災害や人災で資産がめちゃめちゃに破壊されれば、その修復や再建のための活動でＧＤＰの成長率は増加する。第二次大戦後に起こったのは、まさにこの現象だった。表2は、ＯＥＥＣ加盟国の実質ＧＤＰ成長率を、戦後の時期とそれにつづく25年間で比べたものだ。より最近の数字でいえば、世界的に好況期にあった２０００年代前半でも、ＯＥＣＤ加盟国の実質ＧＤＰ成長率は平均で年間２・５パーセントだ。戦後の成長率には遠く及ばない。

景気循環（経済全体が周期的に好況と不況を繰り返す動き）がもとに戻ってからも、ＧＤＰの成長率は50年代、60年代、さらに70年代前半を通じて以前よりも高い水準に留まった。アメリカでは両大戦間期の成長率が年間３パーセント未満だったのに対し、１９５０年から１９７３年までの時期には平均で年間４パーセント近い成長を達成した。イギリスでも、１９１３年から１９５０年の成長率がかろうじて１パーセントを超えた程度だったのに対し、戦後は２・93パーセントとなっていた。(2)

30年間も黄金時代がつづいた理由には、さまざまな説がある。フェレンツ・ヤーノシーが１９６９

表2　年次の実質GDP成長率（%）

国	1950－1973年	1973－1998年
アメリカ	3.93	2.99
イギリス	2.93	2.00
フランス	5.05	2.10
ドイツ	5.68	1.76
日本	4.61	4.96

出所：Angus Maddison, *The World Economy: A Millennial Perspective* (Paris: Organization for Economic Cooperation and Development, 2000).

年に唱えた仮説では、戦後経済は1914年以前の水準へと戻る途中であり、そこに追いついたら成長はもとのスピードに落ちつくだろうとされていた。[(3)] 実際、そうなったわけだ。しかし経済学者の多くは、もっと希望のある説明を好んだ。彼らは長期的な経済成長を促す要素が二つあると考えた。ひとつは資源、つまり人や金（「生産要素」とも呼ばれる）がどれだけ手に入るかということ。もうひとつは入手した資源をいかに有効に利用するか、つまり生産性向上である。どちらも黄金時代の経済成長に貢献した要素であり、とくに労働力となる人々の教育水準が着実に上がったことは大きかった。それに加えて、新たな技術が次々と登場して世の中に広まった。その多くは軍の研究の成果だった。合成ゴムやプラスチックといった素材、飛行機での旅行やコンピュータの普及、無線通信技術の向上など、数々のイノベーションが起こった。1963年には、じきにイギリスの首相に就任することになるハロルド・ウィルソンが、科学技術革命の「白熱」について語った。新たな発明はものすごい勢いで日々の暮らしになだれ込んでいた。

それに劣らず重要なのは、消費財が豊富に手に入るようになったことだろう。うまい具合に好循環が生まれた。消費者支出が増え、消費財の生産が増え、それによって雇用が増えて、所得が増加した。消費財の健全な市場をつくるうえで豊かな消費者層の存在が重要であり、そのために高い給料を払うことが必要だという洞察は、1915年にヘンリー・フォードが「大衆向けの自動車」というコンセプトを打ちだしたことにまでさかのぼる。しかし実際に大量消費社会が到来したのは、戦後になってからだった。数えきれないほどの製品が着々と一般家庭に広まり、70年代にはどこにでもあるものになっていた。車やラジオ、冷蔵庫、洗濯機、テレビ、カメラ、芝刈り機、電話。さらに非耐久財がそれにつづいた。ファッション、音楽、エリザベス・デイヴィッドやジュリア・チャイルドの料理本、友達を招いたディナー・パーティー。そしてティーンエイジャー文化の誕生。物があって当たり前の生活をしている私たちから見ると、消費社会の歴史があまりに短いことに驚いてしまう。洗濯機がアメリカの家庭の75パーセントに普及したのは1950年になってからだし、ヨーロッパでは1970年になってようやくだ。自動車がアメリカ人の4分の3に普及したのは1960年あたり。1970年代になっても、イギリスやフランスでは半数の家庭が電話を持っていなかった。アメリカでは70年代に電話の普及率が94パーセント程度になっていたが、ヨーロッパが同じ普及率になったのは90年代後半である。より最近になって登場した技術は、普及のスピードも速い。携帯電話はたった10年で欧米に普及し、移動中のインターネット接続が可能なスマートフォンはさらに急速に広まっている。

暮らしはどれだけよくなったのか

1957年7月、イギリス首相のハロルド・マクミランは有権者たちにこういった。「ほとんどの人は今、かつてないほどいい暮らしをしている」。この言葉はやがて景気の落ち込みとともに非難を浴びることになるわけだが、しかし彼は正しかった。生活水準はかつてないほど向上し、ありとあらゆる新製品が出回り、失業率とインフレ率は低く抑えられていた。戦争の生々しい記憶にくらべれば、たしかに暮らしはずっとよくなったように思えた。だがドイツは、そして長いあいだ占領下にあったフランスはどうだろう？　それにイギリスも、50年代は好調だったとはいえ、戦争に勝って平穏を失ったようなものだった。大量の負債が残っていたし、経済全体が戦争を向いていたために通常の投資がおろそかになっていた。

アメリカでは別の種類の比較が問題になっていた。アイゼンハワー政権下のアメリカはヨーロッパ以上の消費ブームで、1950年には初のクレジットカードであるダイナースクラブカードが登場し、テレビコマーシャルが幕を開けてドラマ「マッドメン」のような華やかな広告業界が誕生しようとしていた。第二次世界大戦は冷戦にその座をゆずり、「鉄のカーテン」の向こう側のソ連やその同盟国とのあいだで軍拡競争がはじまった。これは軍隊や戦車、核ミサイルの争いであると同時に、思想面での争いでもあった。西洋の消費主義と、ソ連の産業技術との対決である(4)。

共産主義国の経済は市場経済ではなく、中央計画経済だ。国全体で何をどれだけ生産すべきかがモスクワの省庁ですべて決定され、その数字をもとに各産業部門や工場に生産目標が割り当てられる。今になって考えれば、巨大で複雑な経済を官僚がすみずみまで把握して集中管理するなど無理に決まっている。しかし1950年代初頭の経済は今よりずっとシンプルだったので、実現は不可能ではないように思えた。そんななか、アメリカにとって何よりショックなできごとが起こった。宇宙開発競争でソ連にリードされたのだ。1961年、ソ連は人類初の有人宇宙飛行を実現し、ユーリ・ガガーリンを地球周回軌道に送りだした。

だが、実際のところアメリカとソ連はどちらが優位に立っていたのだろう。異なる国の経済を比較するためには、共通の測定基準が必要だ。GDPはまさに適役だった。1940年以前には各国がそれぞれ異なる定義と手順で経済を測定していたが、戦後まもなくアメリカとイギリスが中心となり、GDPおよび国民経済計算という新たな枠組みによる測定基準の標準化作業を開始した。この計画は国連を通じて進められた。1947年に国連が計算方法に関する技術的な報告書を発表し（細部についての補遺はイギリス財務省のリチャード・ストーンが執筆した）、つづいてOEECが1951年と翌年に、主にマーシャル・プランの援助の扱いに関するガイドラインを作成した。そして1953年、国連は初の国民経済計算体系を発表した（SNA53と呼ばれる）。共産圏の国々はこれにならい、1969年に独自の国民経済計算体系である物的生産量計算体系（MPS69）を作成した。第1章で述べたように、これにはサービスを除外して物の生産だけを測定するという大きな相違があった。だがそれ以外の点では、GDP計算の枠組みとよく似ていた。

その後、より多くの国々が国民経済計算を算出するようになり、その精度も上がってきた。それでもフリッツ・ボスがいうように、「各国の発表する国民経済計算統計は、その範囲も細かさも質も頻度もいまだ大きく異なっている」[5]。実際のところ、事の詳細に通じている経済学者や統計学者は多くない。先進国についてはOECDが、それ以外の国については世界銀行とIMFが、できるだけ統一性が確保されるように尽力している。その数字を根拠にして、専門家たちは国際比較をおこなっているのだ。

為替レートと購買力

仮にデータの収集と国民経済計算統計の加工をめぐる事細かな技術的問題がすべてクリアできたとしても、大きな問題がひとつ残っている。異なる通貨で計算された数字をどうやって比較すればいいのだろう?

まず思いつくのは、その時点での為替レートで換算すればいいという答えだ。だが事情はそう単純ではない。多くの通貨の為替レートが国際通貨市場の取引で決定されるようになったのは、1973年以降のことだ(中国など、まだそうなっていない国もある)。それ以前には、ブレトンウッズ体制のもとで国際金融が管理され、為替レートが固定されていた。米ドルと英ポンドの交換レートを見ると、第二次世界大戦のころのレートは1ポンドが4ドルだったが、その後1ポンド=2・8ドルになり、さらに2・4ドルに値下がりした。ここで、アメリカとイギリスで物価に差が出てきたときのことを考えてみよう。たとえばアメリカで自動車などの製品の価格が安くなったのに、イギリスでは高いままだったとする。為替レートが調整可能なら、物価が上がったほうの国の通貨は値下がりし、物価の安い国よりもお金の価値が低くなるはずだ。だが為替レートの調整がおこなわれない場合、イギリスのポンドは実際の購買力より高い価格にとどまり、GDPを比べたときにイギリスの経済が過大評価されてしまう。結局、為替レートを一定に保つことには無理があるため、ポンドなどの弱い通貨は何度も価値を切り下げられた。その後は為替市場がその時々に見合った為替レートを決めるようになった。ただしそれは、経済の大きな動きとは関係ないところで、金融市場の気まぐれによって通貨の価値が大きく揺れ動くことを意味している。

さらに厄介な問題として、国で生産されたもののうち、国外に出るのはごく一部しかないという事実がある。大半の財やサービスは国内で売買される。その種類は多岐にわたり、物ならその国の主食、サービスなら美容室、小売店、水道、教育、葬儀、エンターテインメントなどが含まれる。貧しい国では、この種のサービスが先進国よりもずっと安く手に入る。実際に旅行をしたことのある人は現地の物価の安さに驚いたことだろう。GDPはそうした国外に出ない財・サービスをすべて含むものであるから、為替レート（国外との取引によって決定される）で換算した場合、必然的に実態とのズレが生じる。国民生産のなかで貿易の占める割合が小さい低所得国にとって、その差はきわめて大きなものになるかもしれない。GDPを正しく比較するためには、こうした貿易の対象でない財やサービスを考慮したときの購買力の差を組み込んだ換算レートが必要になる。

50年代から60年代にかけてGDPがより多くの国に広まると、この問題はすぐに表面化した。解決策として考えだされたのが、購買力平価（PPP）為替レートだ。これは経済全体のあらゆる価格データを使って実際の為替レートに調整を加え、各国の生活水準をよりリアルに反映させたものである。GDPの国際比較表では、すべての国の通貨がこのレートによってPPPドルに換算される。この購買力平価という考え方は、20世紀前半にはすでに登場していた。最初にPPPレートの算出を試みたのは、イギリスのコーリン・クラークだった。1940年のことだ。戦後になると、国民経済計算の発展と並行して購買力平価の研究もさらに進められた。そして1954年、OEECは初めてPPPで調整されたGDPを発表した。ミルトン・ギルバートとアーヴィング・クレイヴィスの研究にもとづく数値である。クレイヴィスはさらに多くの国にPPPを適用しようと考え、1968年に「国際比較プロジェクト」を立ち上げた。1978年には同僚のアラン・ヘストンとロバート・サマーズとともに、「ペン・ワールド・テーブル」という国際GDP比較表を作成した。この比較表のデータはGDP成長率やマクロ経済のパフォーマンスを国際比較するために広く使われるようになり、各国の経済学者にとってきわめて重要な統計資料となった。多くの経済学者が当然のように利用しているPPP換算レートだが、一方でこれを疑問視する声も少なくない。PPPレートを使ってGDPを換算すると、通常の為替レートを使ったときよりも、国内の財やサービスの値段が安い低所得国のGDPが相対的に高く評価される。それ自体はPPPという考え方の狙いどおりなのだが、問題は貧しい国の所得が高く評価されすぎているのではないかという点だ。最近の研究でも、PPPによるアプローチは各国の生活水準の差を過小評価しているという考えを支持する結果が出ている。[6]

低所得国の政府にしてみれば、GDPが高くなるような調整はそもそもうれしくない。経済の水準が（見た目で）高くなってしまうと、世界銀行からの援助や低利子融資を受けられなくなる恐れがあるからだ。PPPレートを使ってGDPや1人あたりGDPを換算した場合、通常の為替レートを使ったときよりも、援助の必要性が低く見えてしまう。それでは困るということで、たとえば中国政府は2000年に世界銀行に働きかけ、自国の1人あたりGDPの値を無利子融資の対象範囲まで下げさ

せたといわれている。(7)

一部の経済学者や社会科学者からは、PPP換算係数を算出するための物価調査に疑問を投げかける声も出ている。豊かな国には優秀な統計機関があり、政府のために正確なデータを集めてくれるかもしれない。だが貧しい国では一般に統計データの質が低い。またPPPレートを批判する声に多いのは、このやり方自体にイデオロギー的なバイアスが(意識的ではないにせよ)含まれているのではないかという指摘だ。PPPベースのGDPの数値を額面どおりに比較した場合、世界の貧困レベルおよび所得分布の状況が実際よりもマシに見えてくる。もしもそれらの数値が示すように貧困が急速に減り、国際間格差が広がるどころか縮まっているのなら、90年代から2000年代を特徴づけた国際貿易および投資のグローバリゼーションには何の問題もないということになるわけだ。これはきわめて本質的な問題である。

最貧国は、より貧しくなっているのか、それとも豊かになっているのか。中国の都市が日に日に変わっていく様子を見れば、ある程度までの答えは見えてくる。中国の都市生活者の大半は、生活水準が大きく向上した。これだけでも十分に大きな変化といえるかもしれない。だがもっと詳しい答えを知るためには、各国のGDPをどうやって同じ土俵に並べるのかが重要になる。これは単なる統計上の議論ではなく、現実世界に大きく影響する問題だ。購買力平価は世界中の生活水準や経済状態を測定、比較するために広く使われている。各国の経済成長に関する研究は、ほぼ例外なく購買力平価をベースにしている。国や国際機関の政策も、それに基づいて決定される。

問題をよく理解するために、PPP換算係数の算出方法を振り返っておこう。そもそも物価の基礎データから換算係数を求めるには、微妙に異なるやり方がいくつかある。たとえば各国が独自に米ドルに対するＰＰＰレートを算出するか、それとも世界中のレートをいっせいに算出するか。後者の場合、計算においてそれぞれの国のデータに同じ重みづけをするのか、それとも国の大きさによってウェイトを変えるのか。さらに、生活水準そのものを比較するという根本的な目的に照らして、物価指数の調整以上に込み入った手続きを入れるかどうか。現在もっともよく使われているＰＰＰの換算係数は、各国の家計調査にもとづく物価指数に対し、それぞれ異なるウェイトを適用したものだ。ギアリー＝カーミス法と呼ばれる手法である。

では、この標準的なアプローチにはどんな問題があるのだろう。争点は実務上の問題と、技術的な問題の二つに分けられる。

前者で問題になるのは、低所得国の物価調査が何を測っているのかという点だ。ＰＰＰ換算係数は、各国の物価水準を知るための大規模な国際調査がベースになっている。最近この調査がおこなわれたのは、１９８５年（60カ国）、１９９３年（１１０カ国）、それに２００５年（１４３カ国）だ。１回目と２回目の調査では中国政府が協力を拒んだため、都市部限定の小規模調査にもとづいた推定が行われた。また１９９３年の調査ではインド政府が協力を拒んだため、85年のデータにもとづく推定値が使われた。ということは、85年と93年のＰＰＰ調整が誤っている可能性は十分にあり、それを使った国際比較も疑ってかかる必要があるということだ。(8) ２００５年の調査では中国（初）とインドが両方参加し、世界の人口の95パーセントがカバーされることになった。ただし両国のデータの質については実務上の疑問点が残っており、推測で埋めなければならない隙間が多々ある。それだけではない。２００７

年には中国の調査をうけて世界銀行が数値を修正し、中国のＰＰＰベースの実質ＧＤＰが40パーセントも下がったのだ。世界銀行は修正後のほうが正確だと主張している。「中国がＩＣＰに参加するのは今回が初めてである。以前の数字は推定値であり……構造的な変化および経時的な価格上昇が考慮されていなかった」。だが経済学者のスルジット・バッラは、中国以外の多くの国でも、２００５年の調査で数値が大幅に変わっていると指摘する。「中国のマイナス40パーセントよりも大きくＧＤＰのマイナス修正（評価下げ）を受けた国が21カ国ある。なかにはかなり人口の多い国もある。たとえばガーナ（マイナス52パーセント）、フィリピン（マイナス43パーセント）、ネパール（マイナス44パーセント）、バングラデシュ（マイナス44パーセント）、ウガンダ（マイナス42パーセント）。またインドのＧＤＰは36パーセントの減少となっている」。そして彼はつけ加える。「ＯＥＣＤ加盟国についていえば、アジア以外の大半の国と同じく、変更はほぼゼロである」[9]。

これでは、ＰＰＰの数字に疑問が噴出するのも無理はない。そのうえ技術的な問題もある。調査データにもとづく物価指数を、どうやって為替レート調整に使い、どのようにＰＰＰ変換係数に落とし込むかという問題だ。データは未加工のままでは使えない。「当該国の平均的な支出がどれくらい増えれば、その国の平均的な人々の生活水準が先進国のそれに追いつくのか？」という問いに答えられる形に加工する必要がある。これは一筋縄ではいかない作業だ。経済学者のニコラス・オールトンは、世界銀行の国際比較プログラムとまったく同じデータをもとに（計量経済学の手法を使って）独自の計算をおこない、彼が言うところの「真のＰＰＰ」を導きだした。これを使うと「最貧国の現在の生活水準は、世界銀行のＰＰＰで見たときの半分の水準でしかない[10]」。

ある国のGDPをどのように変換すれば別の国のGDPと同じ基準で比較できるか、という一見テクニカルな問いが、実は重大な意味を持っているのだ。変換方法が違えば――市場の為替レート、複数の重みづけで調整指数を算出する標準的なPPP、それに「真のPPP」――結果は大きく変わってくる。ためしにアメリカとコンゴ民主共和国の1人あたりGDPを比べてみよう。2005年の為替レートを使った比較では、アメリカの豊かさ、つまり生活水準はコンゴ民主共和国の397倍である。一方、世界銀行の標準的なPPP換算を使った場合は236倍になる。その他の一般的なPPPレートで計算すると、190倍から248倍程度。そして真のPPPを使った場合、380倍から502倍という数字が出てくる。コンゴ民主共和国はとても貧しい国だ。豊かな国の生活水準に少しでも近づいてほしいと思うが、正確にどれだけの差を埋める必要があるのかは、このように定かではない（といっても生活水準に大きな差があるのは他の証拠からすれば明らかなので、細かい数字にこだわっている場合ではないのかもしれないが）。

世界銀行の国際比較プログラムや、その他のGDP国際比較の試みは――そもそものGDP算出と同じく――さまざまに質もタイミングも異なる膨大な統計データを取り扱う大変な作業だ。集まった数字を加工するには複雑で高度な技術が必要とされる。だから世界銀行のPPPで換算されたGDPデータは、間違いなく今後も使われつづけることだろう。それにかわるデータをつくるほどの時間と専門知識を兼ね備えた人はなかなかいない。

GDP比較データは、たしかに有益な情報を与えてくれる。だが、そこには不確実な要素が多分に含まれていることをけっして忘れてはならない。

国際比較データは何を教えてくれるのか

こうした国際比較のためのデータ収集の経緯が知られている現在では、そこに戦後数十年の経済成長のパターンを後づけで付加して説明することも難しくない。だが1970年代半ばになるまで、PPPで調整可能なGDPデータはごく一部の国のものしか存在しなかった。経済成長理論が発展しはじめた1950年代の時点では、このデータが利用できるのは二、三の先進国にかぎられていた。だからロイ・ハロッドやエヴセイ・ドーマー、ロバート・ソロー、ポール・ローゼンシュタイン＝ロダンらが50年代に提唱したような経済の成長と発展に関する初期の理論には、裏付けとなる実証的な証拠がほとんど存在しなかったことになる。

そんなわけで当然ながら初期の理論は、現代の経済学者が好むエレガントな数式で表現されていたとはいえ、単純なものだった。80年代まで基礎理論として多く使われていたソローの成長モデルでは、生産に必要な投入（土地、原材料、労働力、資本）の増加が経済における総産出の成長を決定するとされ、それだけで説明がつかない分がすべて「技術の進歩」として片づけられていた。ところが実際のGDPデータで検証したところ、少々困った結果が出てきた。戦後の経済成長の大部分が「技術の進歩」で説明されることがわかったのだ。説明といっても、これはソローの理論のなかで唯一、何の経済的説明もなされていない部分である。この成長理論では、技術の進歩がまるで天から降ってくるような扱いをされていたのだ。たしかに設備投資は生産に使える新たな資本を生んだ。労働力が増えたのは、労働年齢人口の増加と（理論の発展で徐々に明らかになったように）労働者の教育水準およびスキルが向上したおかげだ。この両者はたしかに成長に貢献したが、しかし「技術」によるところはさらに大きかった。

こうしたシンプルな理論は、当時の世界が経験していた経済成長の様子をうまく捉えているように見えた。戦後のOEECおよびOECD加盟国の成長パターンを見ると、戦争で大打撃を受けた国々がめざましい勢いで遅れを取り戻し、イギリスの成長は比較的ゆるやかだった（といっても、この時期のイギリス経済はのちに黄金時代と見なされるわけだが）。

冷戦で対立していたアメリカとソ連の比較についていえば、計画経済のお粗末な実体が明るみに出るのはまだ何十年か先のことだった。共産党政権の持っているデータは信頼性を欠いていた。いい数字を報告しなければならないというプレッシャーが工場長ひとりひとりにかかっていたからだ。最低でも中央計画省で設定された数字に達しなければ、場合によっては強制労働に送られるかもしれない。モスクワ当局は国内で生産されるあらゆるものについて明確な数値目標を設定し、その数字を上意下達で各工場や農場に割り振っていた。ただし生産目標はざっくりとしたものだった。靴が全部で何足、各種の鉄鋼がそれぞれ何トン。だから不正もおこなわれた。工場から出荷される重量を達成するために、テレビのなかにレンガを埋め込むといった具合だ。とにかく数字さえ達成していれば、質については問われなかった。だが結局、計画経済の成長率は、公的な数字だけを見てもかなり低迷していた。欧米の消費者と、鉄のカーテンの向こうに暮らす人とのあいだには、生活水準に大きな隔たりが生まれた。中国の状況はさらに悪く、毛沢東主義の狂気のもとで大飢饉が起こり、人々は例の画一的な服装と行動を強いられた。

計画経済による歪みを受けていない国々については、ソローモデルの言うように投入（生産要素）の増加によって国ごとの経済パフォーマンスの差を説明できた。マーシャル・プランによって投資が増えた結果、以前はひどい貧困に苦しみ敵意に満ちていた国々が、平和で豊かな貿易相手国に変わった。狙いどおりだった。アメリカの打ちだしたマーシャル・プランは、これまでの歴史のなかでもきわめて先見性の高い政治的行動だったといえる。戦後の回復期だったこともあり、投資と技術的発見と経済成長の見事な好循環が生まれた。経済学者たちは自信満々だった。循環フローのしくみを使い、政府支出と税金をうまく調整してGDPを操れると思っていた。だが黄金時代は、やがて終わりを迎えることになる。

第3章　資本主義の危機——1970年代

悲しみは、ひとりでは訪れない。群れをなして押し寄せる。
——ウィリアム・シェイクスピア『ハムレット』

戦後の好景気が終わると、西側の資本主義の勢いは弱まり、さまざまな問題が現れてきた。70年代に入るころには、四つの大きな問題が従来の一般的な経済観をゆるがそうとしていた。これらの問題はそれぞれ、世界経済の四つの厄介な動きと結びついている。

一つめの問題は、安定した物価と強い経済成長の好循環が終わり、低成長および景気後退《リセッション》（GDPが一定期間、一般的には6カ月以上連続で縮小すること）と急激なインフレという新たな組み合わせに取ってかわられたことだ。この奇妙な現象には「スタグフレーション」という奇妙な名前がつけられた。スタグフレーションには従来の景気対策手法が効かず、むしろ事態を悪化させてしまうようだった。インフレ率を妥当な範囲に押し下げようとすれば、間違いなく深刻な景気後退を招いてしまう。OP

なくなった。

EC（石油輸出国機構。サウジアラビアおよび中東諸国が中心となっている）の産油国が1973年と75年の二度にわたって石油価格を大幅に引き上げたことで状況はさらに悪化し、景気後退はもはや避けられなくなった。

二つめの問題は、冷戦の激化だ。冷戦のピークは今では1950年代と考えられている。マッカーシー時代の反共産主義運動が盛んになり、朝鮮戦争が勃発し、相互確証破壊というとんでもない（しかし結局は正しかった）理論が発展した。だが冷戦はその後も20年にわたって緩和することなく続き、人々の心に大きな影を落とした。内部の反体制派から見れば共産主義経済が破綻しつつあることは明らかだったが、中央計画経済の悲惨な実態はソ連の見せかけの統計データによって覆い隠されており、西側にそれが知れるのはまだ10年も先のことだった。

三つめは、環境保護運動の活発化に関わる問題だ。1972年に出版された『成長の限界』というレポートは、経済成長と人口増加がもたらす暗い未来を描いて話題を呼んだ。内容は直感的に理解しやすかった（実は間違っていたのだが）。GDPの成長が年々積み重なっていく結果、まもなく天然資源の利用量が限界に達するという議論だ。2070年までに、地球上の鉱物やエネルギー資源はほぼ完全に枯渇するだろう、とレポートは予想した。経済政策のより広い議論のなかに「持続可能性（サステナビリティ）」という概念が入り込んできた。この悲観的な未来予測は現実にはなっていないが（価格の変化やイノベーションによる資源利用の変化が考慮されていなかった）、経済活動と地球環境とのあいだにトレードオフが存在するという認識は、70年代環境運動の遺産として今も引き継がれている。

最後にもうひとつ、70年代になる頃には、貧しい途上国の多くが植民地支配から解放されて10年から20年が経過していた。そうした国の政府は海外援助として豊富なドル（ソ連圏の国であればルーブル）を受けとっていた。しかし経済成長のしくみを手なずけたという開発経済学者たちの自信はすぐに打ち砕かれた。元植民地を舞台におこなわれた冷戦の代理戦争や地元の政治家の腐敗など、数多くの要因が途上国の成長を阻害したからだ。だがそれ以上に、GDPの単純なしくみで満足せず、成長をもっとこまやかに理解しようとする考え方が出てきた。平均寿命や乳児死亡率、教育機会、電気や通信の普及状況などが人々の視野に入ってきた。つまり、生産よりも生活が意識されるようになったのだ。これもまた、GDPの地位を脅かしつづける問題となっていった。

それぞれの因果関係は複雑に絡み合っているが、とにかくこの四つの問題が70年代前半にそろって登場し、もはや常識となっていた戦後の経済観に疑問をつきつけた。それは大恐慌から現代の金融危機にいたる期間で資本主義が迎えた最大の危機となった。

スタグフレーションの襲来

1968年は象徴的な年だった。アメリカやフランスやチェコスロヴァキア（当時）の若者たちが、街中で警察や軍に立ち向かった。自由を求める運動が世界中で一気に花開いた。こうした新たな革命の原動力となったのは貧困や絶望ではなく、居心地のいい豊かさだった。学校をさぼって機動隊に石を投げ、催涙ガスをかいくぐる。それは職にあぶれる心配とは無縁の若者たちにだけ許された贅沢だった。同様にドラッグやフリーセックス、自己の解放や自分探しブームも、豊かな国ならではの戯れだった。１９６８年までの四半世紀で、経済は文句なしにとてつもない発展を遂げていたのだ。

ＧＤＰの数字はそれを端的に表している。西側諸国の生活水準は、１９５０年と比べて3倍に向上していた。[1] その結果、失業率はかつてないほど低くなった。働き口はいくらでもあった。夫が大黒柱となって家族全員を養うことができたし、クビになる不安もなく、年金もたっぷりもらえそうだった。１９７０年時点でのＯＥＣＤ加盟国の失業率は、０・５―４パーセントの幅にとどまっていた（２０１２年の失業率は、低いところでスイスの4パーセント、高いところではギリシャやスペインの25パーセント）。

戦後のＧＤＰの伸びがもたらしたインパクトを本当に理解するためには、統計以外のものにも目を向ける必要がある。１９４５年から１９６０年代までのあいだに、世界は実に多くのものを手に入れた。天然痘やポリオなど不治の病だった病気に対する画期的な新治療法。経口避妊薬の登場。手頃な価格の飛行機チケットと、海外旅行ブーム。カラーテレビや電話など家電製品の普及。化学繊維の服やマジックテープ、ナイロンの登場。一見地味に思える製品さえ、人々の暮らしに絶大な影響をおよぼした。たとえばデュポン社の発売したナイロン・ストッキングは、１９４０年5月15日の発売初日だけで80万足、その年の終わりまでに６４００万足も売れた。ナイロンが軍事利用に回されたせいで翌年のストッキングの供給が途絶えると、女性たちは怒りを爆発させたという。[2]

科学技術の新発見が人々の日常生活に普及したことの恩恵は計り知れない。ひとつわかりやすい例を挙げよう。アレクサンダー・フレミングが実験室でペニシリンを発見したのは１９２８年のことだった。30年代を通じて臨床試験がおこなわれ、１９４２年にメルク社によって初めて商品化された。レンサ球菌敗血症の患者に投与されたこの貴重な5・5グラムのペニシリンは、アメリカの保有していた全ストックの半分にあたるものだった。だが１９５０年までには大量生産の技術が確立され、１回分の価格が４セントにまで下がった。１ガロン（３・８リットル）入りミルクの16分の１の値段で買えるようになったのだ。[3] 重要なのはイノベーションの存在だけでなく、それが多くの人の手の届くものになったという事実である。経済史家デヴィッド・ランデスが指摘しているが、世界一の大富豪だったネイサン・メイアー・ロスチャイルドは１８３６年、抗生物質があれば治ったはずの感染症で亡くなっている。[4] 経済が成長するとは、こういうことだ。

　では、60年代の終わりまでに何がおかしくなったのだろうか。学生たちが警官に石や手製の火炎瓶を投げつけ、労働者たちがストライキを起こし、停電が発生し、人々が食料を買いだめるようになったのは、なぜなのだろう？

　世の中の多くのことがそうであるように、失敗の芽は成功自体の中にひそんでいた。ある意味で、経済が成長しすぎていたのだ。需要管理という道具はあまりに便利だったので、景気循環の下降局面でどんどん利用された。金利の引き下げと政府支出の引き上げ（または減税）は、景気の停滞を下支えし、雇用率を高止まりさせる目的で広く使用された。政治家や官僚は、経済モデルを一種の機械のように理解していた。まさにマクロ経済の循環フロー図をそのまま機械にしたＭＯＮＩＡＣ（第１章を参照）のイメージだ。戦後の力強い回復が、彼らの自信を後押しした。そんな彼らが見過ごしていたのは、そもそもＧＤＰというものが、それらの政策のハンドル操作で（少なくとも短期的には）増加するようにつくられているという事実だった。ＧＤＰの定義を支えているのは、ケインズの考えた経済のモデルなのだ。そのうえ、心理的にも政策的にも無理のないことだが、景気循環の過熱局面に歯止めをかける方向の施策についてはほとんど顧みられてこなかった。経済危機の徴候がいたるところで露わになるまで、誰もそんなことは考えなかったのだ。人々は成長という経験に慣れきって、いつでも仕事があるのが当然だと思うようになった。給料が毎年上がることを期待しはじめ、インフレ率の上昇がその期待に拍車をかけた。労働組合の盛んな国や業界では、組合がせっせと組合員の給料アップを要求した。イギリスを含むいくつかの国では、組合と雇用主や政府とのあいだで激しい争いが繰り広げられた。ストライキが激化すると、パン職人のストライキでパンが手に入らなくなったり、道路にゴミがあふれたり、しょっちゅう停電したりするようになった。世の中の需要が好調なのだから、雇用主も賃金上昇の要求に応えないわけにはいかない。人件費の上昇は商品の価格に上乗せされ、そうなると労働者はさらに賃金アップを求めた。人々の自信と投資とGDP成長からなる好循環だったものは、いつしか賃金要求・物価上昇と低成長・景気後退の悪循環に様変わりしていた。そして1973年、第四次中東戦争の勃発を受けてOPECが原油価格の引き上げを宣言。その影響でさまざまな品物の値段が大幅に上がり、スタグフレーションを引き起こした。GDPは複利で増えていくから、平均成長率がわずかでも下がれば結果は大きくちがってくる。年間4パーセント（60年代アメリカの平均的な成長率）で成長すれば、GDPは17年で倍になる。成長率が3パーセントだと倍になるのに24年かかり、2パーセントなら35年もかかってしまう。1970年代のように、たった1パーセントでも年平均成長率が下がると、たちまちその影響が現れてくるのだ。

西側民主主義国の経済が経験した大きな転換の縮図ともいえるのが、フィリップス曲線と呼ばれるグラフだ。この曲線を発見したのはアルバン・ウィリアム・フィリップス、あのMONIACマシンをつくった経済学者である。彼は1861年から1957年までのイギリスの経済統計を調べていたとき、インフレ率と失業率のあいだに負の相関関係があることに気づいた。(5) ほかの国々のデータを観察したところ、やはり同じ関係が成り立っていた。これは信頼できる経済法則のように見えたし、政府支出や税金の増減を決定する際の乗数と同じように、政策立案に使えそうだった。インフレ率を下げたければ失業率を上げるというふうに、失業率とインフレ率の案分を選びさえすればいいのだ。当然政府は、とりわけ選挙が近くなると、インフレ率を上げて失業率を下げることを好んだ。有権者からすればインフレで物価が上がるのはおもしろくないが、それによって仕事の口が増えるなら十分に魅力的な話だ。ところが、現実はそれほど甘くなかった。インフレ率と失業率のトレードオフを政府が選択するやいなや、トレードオフの状況が悪化した。そうして70年代が終わるころには、経済学者のあいだでひとつの結論が出た。フィリップス曲線に沿って経済を動かそうとしても、長期的にはインフレ率が上がるだけで、失業率は元のレベルに戻ってしまうのだ。失業率には「自然」なレベルがあり、これは企業の採用意欲によって決定される。(6) 政府支出を増やして失業率をそれ以下に下げようとすると、インフレを引き起こすことになるのだ。

70年代の苦い経験は、やがて経済観の変革と政治的な変革につながっていった。経済理論に関しては、政府支出を調整して需要を管理するケインジアンのシンプルなアプローチに対する信用が薄れた。そのかわりに、政府はビジネスの環境を整える役割——低く安定した税率、労働市場の規制緩和、国有企業の民営化など——に徹するべきという新しい考え方がイギリスを筆頭に広まった。またインフレ率を安定させるため、中央銀行は通貨供給量の成長を一定以下に抑えるべきだと考えられるようになった。だが、人々がこうした見方に落ちつくのはもう少し先の話だ。70年代の経済学界は、マクロ経済政策をめぐって真っ二つに分裂していた。1975年、イギリスのインフレ率は24パーセントに達し、実質GDP成長率はゼロだった。そのうえ貿易赤字が大きくふくらみ、翌年にはIMFの緊急融資を受けなければならなくなった。最近のギリシャやアイスランドと同じような状況だ。世界でも有数の先進国がこの種の救済措置に頼るのは前代未聞のことだった。アメリカでも状況はさほど変わらず、ベトナム戦争と冷戦の軍拡競争に対する出費がこの10年の間に大変な負担になっていた。1975年のアメリカのGDPは前年より縮小し、インフレ率は10パーセント以上も上昇した。OECD加盟国のほとんどがスタグフレーションに苦しみ、経済学者たちはここ30年ほどで初めて、自分たちのやっていることに確信が持てなくなった。

共産主義の脅威

どんな時代にも政治的対立はあるものだが、過ぎてしまった時代の対立のありようを思いだすのは意外と難しい。1989年11月にベルリンの壁が崩れ落ち、共産主義と計画経済が突然あっけなく崩壊したが、これを必然だったといえるのは私たちがそれ以降に生きているからだ。それ以前の時代には、ものごとの見え方がちがっていた。マーガレット・サッチャーとロナルド・レーガンがそれぞれ1979年と1981年の選挙で初勝利を収めたときでさえそうだったのだから、1970年代なら当然のことだ。スターリンの人民に対する犯罪は1970年には知られていたが、毛沢東政権の実態が明るみに出るのはまだ10年先のことだった。経済についていえば、防諜機関で統計数値を研究している専門家たちでさえ、共産圏の経済統計がそれほどまでに虚構に満ちていたことを見抜けなかった。ごまかしは経済全体に蔓延していた。個々の工場の生産目標は中央当局の計画によって決められていたが、規定されていたのはテレビが何台、靴が何足といった量（あるいは重量）だけだった。だから目標を達成するのは簡単だった。靴の見た目や丈夫さや履き心地はもちろん、サイズが人々の嗜好やニーズに合っているかさえ問題にされない。テレビが半年後に映らなくなっても、あるいは裏側の板がしょっちゅう外れたとしても問題にされなかった。そんなわけで、重工業や軍事や国家的プロジェクトへの多大な投資とも相まって、大それた経済計画はめざましい生産成長の数値をもたらした。ちなみにこれはGDPではなく、物的純生産（NMP）のデータである（共産主義崩壊の時点で、NMPの値はGDPの4分の3程度だった）。

当時のソ連政府の公式統計は、ソ連の国民生産が西側よりも急速に成長していることを示していた。成長率は70年代前半で年5・7パーセント、後半で年4・3パーセント。これでも60年代に報告された数字に比べればゆるやかだ[7]。この時代、鉄のカーテンを越えて旅行をする西側の人はめったにいなかったし、中国を訪れる人はさらに少なかった。そのため、見ればわかるはずの生活水準の低さが一般に知られることはなかった。東欧の人々が西側消費文化の象徴であるジーンズやポップミュージックにあこがれていることは広く知られていたのに、そこから推し量れるはずの共産主義国の経済状況にはなぜか思考が向かわなかった。おそらくは、資本主義の側が危機を迎えつつあったせいだろう。イギリスがIMFに救済を求めるような状況で、西側の勝利という雰囲気などどこにもなかったのだ。

右派と左派の対立には決着がつくどころか、70年代を通じてさらに溝が深まっていった。60年代の個人主義に端を発した70年代の解放運動は過激さを増し、ときに暴力に結びついた。革命思想は一種の流行となった。赤と黒が印象的なチェ・ゲバラのポスターは売れに売れて、そこらじゅうの学生の部屋に貼られていた。学者たちはマルクス主義に触発された批判理論に果敢に飛び込んでいった（そして長い袋小路に迷い込み、立ち消えていった）。労働組合の活動は激しさを増し、組合の盛んでないアメリカでさえ数多くのストライキが起こった。アメリカをのぞく15の先進国では、ストライキにより失われた1人あたり労働時間が60年代で1641日、70年代で2586日、80年代で1632日となった（90年代ではたった658日[8]）。そうした状況がやがてレーガンとサッチャーの勝利をもたらし、その後のストライキ権を厳しく制限する動きにもつながっていく。しかしこれも、後になって振り返ればということだ。70年代の目で見れば、壊れているのは資本主義のほうだった。

地球環境への新たな関心

宇宙から見た地球。青い惑星の姿は、人類の歴史上もっとも印象的で美しい光景のひとつである。そうした画像で最初のものは、1968年にアポロ8号の乗組員ウィリアム・アンダースが撮影した写真だ。この新たな眺めは、私たちの心に地球を守ろうという責任感を生みだしただろうか？　答えはたぶんイエスだ。

1945年から1970年のあいだに、世界のGDPはインフレ調整後の値で3倍に伸びた。同じ期間に、世界の人口は25億人から40億人に増加した。人々の生活水準は飛躍的に上がった。ただし一部の富裕国に限った話ではあったけれど。1970年の時点で、22カ国がOECDという「金持ちクラブ」に参加していた（現在の加盟国は34カ国）。そして歴史上初めて、経済成長の地球環境に対する影響が世の中の関心ごとになってきた。

そうした関心の高まりは、各地で起こったできごとにも由来していた。たとえばアメリカでは、1962年にレイチェル・カーソンの『沈黙の春』が出版された。農薬の散布が鳥たちにまで影響を及ぼしている状況を述べたもので、環境保護運動の先駆けに位置づけられている。1969年にはオハイオ州北部のカヤホガ川で〔産業廃油による〕火災が起こり、1972年の水質汚染防止法など環境保全の取り組みが導入された（ただし70年代後半のラヴ運河汚染事件を見ればわかるように、十分な効果があったとはいいがたい）。より大きな視野で、地球全体の環境を考えようという動きも西側各国で出てきていた。宇宙から見た地球のイメージが、私たちに新たな視野を与えてくれたのだ。ただしそれだけでなく、豊かになったという事実そのものが経済成長の結果を見直すきっかけになったのかもしれない。結局のところ、衣食住が満ち足りていて、自由に使える時間があり、本を読んだり話し合ったりするくらいの余裕ができて初めて、人は日々の生活の労苦以上のことを心配できるのだから。

1968年に出版されたポール・エーリックの『人口爆弾』は、増えつづける人口と資源の浪費に対する痛烈な批判だった。絶望的な未来を描き、発売と同時に大きな話題を呼んだ。だがエーリックは、のちにメリーランド大学の経済学者ジュリアン・サイモンと賭けをして負けている。1980年、サイモンはエーリックに対し、好きな金属を5種類選び、それらの10年後の価格が（インフレ調整後価格で）上がるか下がるかを当てようという賭けを持ちだした。サイモンは経済学の理論を使い、こう推論した。需要が高まって何かが足りなくなれば、その他のものに比べて価格が高くなるだろう。価格が上がると人々はそれの使用量を制限したり、かわりになるものを見つけたりする。そうした価格とイノベーションによる配分の結果、市場の自動機能が働いて、不足は調整されるだろう、というのだ。それに対してエーリックは、もっとも早く枯渇しそうな金属を五つ挙げ、それらの価格が上がるほうに賭けた。だが、エーリックは間違っていた。10年後、五つの金属の価格はすべて下がっていたのだ。この有名なエピソードは、経済成長が環境を壊すか否かという問題をめぐって今もつづく多くの意見の対立を端的に描きだしている。ＧＤＰと環境のトレードオフが避けがたいと見る人は、現在のよくない流れがそのままつづくと考える。一方でジュリアン・サイモンのような経済学者は、よくない流れが過度に進むと、人々の行動が価格のシグナルに反応して自動調整されると考える。2世紀半にわたる近代の経済成長が地球環境にもたらした影響を正しく見積もるのは至難の業だ。影響はとても深く、その範囲は大気の組成から生物多様性、公害、資源の利用など多岐にわたっている。第6章ではこの問題に立ち戻り、ＧＤＰが成長の持続可能性を測れるかどうかという問題について論じたい。

エーリックとサイモンの賭けに決着がつくのは、まだ先になりそうだ。『成長の限界』などに代表される環境への新たな関心は、それ自身がやがて限界につきあたった。70年代の経済危機に直面した政治家たちは、新しい環境運動にあまり関心を示さなかった。環境運動はラディカルや左派のやることであり、アイデンティティ政治の一種にすぎないと受け取られたのだ。実際にエネルギー効率を重視した生産手法や断熱性の高い住宅、再生可能エネルギーへの関心などを引き起こしたのは、こうした運動ではなく石油価格の急激な上昇だった。そもそも有権者にとっては、環境に対する見えにくい影響よりも、経済回復のほうがずっと切実な問題なのだ。環境への不安は排ガス規制や低燃費の車でとりあえず収まるが、経済成長は雇用や生活レベルに直接関わってくる問題である。

それでも、70年代に「持続可能な」経済成長という概念が生まれたことは事実だ。その重要性はますます高まり、環境のさまざまな側面に関するデータは、人の活動や暮らしを測る重要な尺度として経済統計にも組み込まれるようになってきた。

貧困問題と人間開発指数

70年代初頭のOECD加盟国の勢いとは裏腹に、それ以外の国の1人あたりGDPは1945年からそれほど伸びていなかった。もちろん、うまくいった国もある。日本は戦争の焼け野原から目覚ましい復活を遂げた。ダグラス・マッカーサー将軍率いる占領軍の支配下で大規模な復興政策が実施され、チープな電化製品（当初は）の大量生産で大きな成功を収めた。60年代の「メイド・イン・ジャパン」といえば、ちょうど90年代の中国製品と同じような位置づけだった。しかし1964年にOECDの仲間入りをはたすと、日本の産業はより洗練された産業基盤を発達させ、欧米経済の大半と同等以上になった。いまや製造業で日本に対抗できるのはドイツくらいのものだ。70年代に貧しかった国のいくつかは、その後同じような道をたどっている。ヨーロッパでは低所得の国々——まずイタリア、次にアイルランド、スペイン、ポルトガル、最後にギリシャ——が長い時間をかけて高所得国に追いついた（ただし金融危機の影響が残るなか、このキャッチアップが本物で持続的なものかどうかはまだ見守っていく必要がある）。アジアの国々も「経済の奇跡」と呼ばれるほどの発展を遂げ、なかでも韓国はめざましい成功を収めた。OECDの加盟国はOEEC当初の18カ国から、現在では34カ国にまで増加している。

一方で、私たちにとって当たり前の経済成長を経験しないまま現在にいたっている国も多い。2011年の1人あたりGDPは、OECDに加盟している高所得国の平均が4万1225ドルであるのに対し、世界銀行の分類で低所得国とされる国の平均はわずか569ドルだ（PPPレートによる換算値）。だが、そもそも豊かな国と貧しい国を比較するのに、1人あたりGDPが最適な方法なのだろうかという疑問はある。途上国のGDP成長を促すための努力はすでに数十年もつづいてきたのだ。先進国の税金から貧困国の政府に支払われた開発援助の金額を正確に推計することは難しいが、おそらく何兆ドルという数字になるだろう。国際NGOの対貧困活動に寄せられた個人の寄付も相当な額にのぼる。それなのに、サハラ以南のアフリカのGDPは戦後からほとんど伸びておらず、いまだに貧困がはびこっているのだ。

パキスタンの経済学者マブーブル・ハックは70—80年代に世界銀行に勤めたあと、パキスタンの財務大臣を経て国連の開発計画に携わり、貧困と福祉を測定するための新たな方法を導入した。人間開発指数（HDI）と呼ばれるもので、所得よりも「潜在能力《ケイパビリティ》」を測定しようというアプローチである。後にノーベル賞を受賞した経済学者のアマルティア・センは、飢えというものが所得および貧困とは無関係であると論じて開発経済学界を驚かせた。人々が飢えるのは政府が国民の必要に応えないからであって、とくに新聞やテレビが政府の行動を批判できるだけの独立性を持たない場合にそうなるのだ。だから民主主義国は、1人あたりGDPがどんなレベルであろうと、飢饉になることはない。[9] センはさらに、1人あたり所得は重要ではあるが、人々の生活の豊かさを知るにはケイパビリティを見たほうがよいと論じた。[10] これには所得や資源へのアクセスのほか、健康や教育、女性の自由、電気や道路など基本的な技術が利用できるかといった要素まで含まれる。HDIはそれらひとつひとつの指標を測定し、ひとつの比較可能な数値に落とし込んだものだ。国連開発計画は毎年HDIを発表しているが、上位の顔ぶれはだいたい安定している。ノルウェー、オーストラリア、ニュージーランド、アメリカ、カナダ、そのほか北欧の国々に、オランダ。一方で、底辺近くを占めるのは紛争地域や内陸部の国々だ。コンゴ民主共和国、ニジェール、チャド、ブルンジ。といっても、1人あたりGDPが高ければHDIも高いというわけではない。たとえば私の祖国イギリスは、1人あたりGDPは高いが、HDIでは28位〔2011年の数字〕に甘んじている。これは1人あたりGDPではかなり劣るギリシャやスロヴァキアと、あまり変わらない数字だ。

GDPとHDIの各要素のあいだには、たしかに正の相関関係が存在する。豊かな国はよりよい医療を提供できるし、子供を長い期間学校に通わせられる。そうして人々の健康や教養のレベルが上がれば、より強い経済成長が可能になる。成長の好循環だ。だが、1人あたりGDPとHDIのレベルが完全に相関しているわけではない。それぞれ異なるものを測っているからだ。GDPが測定するのは、生産や所得。計算上のさまざまな困難はあるにせよ、考え方としては明確だ。一方のHDIは、人々の豊かさというあいまいな概念の指標である。この区別を心に留めておいてほしい。最近出てきたGDPの代替案を検討する際に必要だからだ。皮肉なことに、先進国の経済をGDP以外の方法で測定すべきだ、と声高に叫ぶ人にかぎって、途上国の話をするときには所得や貧困の数値に何よりもこだわる傾向がある。

1人あたりGDPとHDIとのちがいは、何兆ドルと費やされた途上国支援の効果を測定するうえでも大きな意味を持っている。GDPに着目すれば、結果は思わしくない。豊かな国と貧しい国の1人あたり所得の差はこの半世紀で急速に拡大している。だが別の面から見れば——HDIの各指標を見れば——状況はそれほど悪くない。サハラ以南アフリカのHIV／エイズの災禍にもかかわらず、貧しい国の平均寿命や乳児死亡率は先進国の数値にかなり近づいてきたし、貧困国での教育もどんどん普及している。テクノロジーの普及状況にはばらつきがあるが、格段によくなった部分もある。インドの2億4660万世帯のうち47パーセントはいまだに家の中にトイレもなければまともな水道もないが、63パーセントは携帯電話を持っていて、仕事探しや作物の買い手探しに活用している。平均寿命についていえば各国の差はほとんどなくなり、低所得国でも70歳程度になっている。乳幼児死亡率は世界中で下がっていて、豊かな国より貧しい国のほうが改善のスピードはずっと速い[11]。

だが、ちょっと話が先走りすぎてしまった。ここでいいたいのは、HDIの背景にある考え方が、GDPのしくみと運用にさらなる疑問を投げかけたということだ。スタグフレーションの出現によってすでに行きづまっていた従来の経済観は、途上国（当時でいうところの「第三世界」）への経済支援がGDP成長に役立たなかった事実によってすっかり打ちのめされようとしていた。戦後の繁栄の脆さが露呈し、貧しい国の経済発展の難しさが実感されると同時に、経済成長による環境コストの問題も表面化してきていた。

第4章　新たなパラダイム——1995—2005年

70年代後半に資本主義の危機が訪れたあと、当然の反応として黄金時代のやり方に対する反動が出てきた。政治の世界でも、学問の世界でもそうだ。もっともわかりやすいのは、アメリカとイギリスにおけるレーガン＝サッチャー革命だろう。レーガンとサッチャーの政策目標は三つ。労働組合の弱体化、ビジネスを推進するための経済的規制緩和、そして国営企業や資産の民営化（イギリスにおける自治体所有住宅の借主への売却など）である。政府支出や税率を増減させるのは、経済成長率をコントロールするやり方としてはもう古くなった。短期的には結果が出るかもしれないが、長期的にはインフレ率の上昇と投資の減少につながるからだ。持続的な経済成長と所得レベルの増加を望むなら、経済の「供給側《サプライ・サイド》」の効率を上げ、無駄な規制を撤廃したほうがいい。こうした一連の政策と対応するように、経済学の世界でも新たな考え方が主流になってきていた。積極的な財政政策を支持する声が減り、それよりも中央銀行による安定した通貨供給が重視されるようになったのだ。フィリップス曲線のトレードオフが悪化し、スタグフレーションまで発生したことで、経済学者たちは経済全体のしくみに対する考え方を変革する必要に迫られていた。

動乱の70年代を特徴づける経済学者たちの意見の激しい対立、すなわちケインジアン対マネタリストの争いは、比較的短期間のうちにマネタリスト寄りの線で落ちついた。経済学者は欠点も多い人種だが、少なくとも目に見える証拠は尊重する。だが比較的最近になるまで、経済成長についての見方を基礎づけることができるような証拠はほとんど手に入らなかった。ＧＤＰ統計を作成する国の数はなかなか増えず、１９８５年になってもわずか60カ国にすぎなかった。質のよくないデータを含めだ。ＧＤＰの推移を１９５０年代半ば以前までさかのぼることができるのは、ほんの２、３カ国にかぎられていた。長期にわたって何らかの国民所得統計をとっている国もあったが、その定義がしょっちゅう変わるので時系列で比べられるほどの一貫性はなかった。60カ国の30年分の年間データでは、経済成長の理論を詳しく検証するには十分ではない。年ごとの変動が少ないのだから、なおさらだ（ＧＤＰやその各要素の変動はゆるやかで、年間で１―３パーセント程度のものである）。

新たな経済成長理論

それでもＧＤＰ統計をとる国の数が増えてくると、経済成長の理論はだんだん洗練されてきた。ソローモデルは成長の大きな要素である技術について何も説明しなかったが、80年代以降の新たな成長モデルは技術の進歩についても徐々に解明されてきた。技術はもはや得体のしれないブラックボックスではなくなったのだ。これらは「内生的成長」理論と呼ばれ、技術の進歩が経済成長の好循環を引き起こすと説いた。技術は成長を加速させ、成長が加速すればより多くの投資とイノベーションが可能になるからだ。「技術」はアイデアとして人々の頭の中や教育やスキルに宿ることもあれば、具体的な設備や製品の形をとることもある。経済学者たちは教育レベルやイノベーションレベル（企業の特許取得数など）を測定してそれらの要素の影響力を精査し、各国の成長率のちがいがそれによって説明できることを確かめた。

こうした実証的な研究を支えたのは、戦後のデータだけではない。西暦1000年から現在までの各国のGDPを歴史的に追跡したデータが役に立った。オランダのフローニンゲン大学で経済史を研究していたアンガス・マディソンの功績である。彼の国際比較プロジェクトは、広範囲にわたる歴史的資料の中から現代の定義でいうGDPの算出に必要なデータ要素を探しだし、そこから過去のデータを再構成するという途方もない試みだった。マディソンは一般にはあまり名前を知られないまま2010年に亡くなったが、現在では彼の作成したデータはマクロ経済と経済成長を研究する人にとって不可欠の資料となっている。研究室や工場で生まれた新たな技術の芽が、実際に商品となって普及するまでにはとても長い時間がかかる。経済史家のポール・デヴィッドによれば、その期間は50年以上だ。たとえば電動機は工場に変革をもたらし、製造ラインによる流れ作業を可能にしたが、そもそも電動機の原型が発明されたのは1870年代、それがアメリカの工場で広く使われるようになったのは1920年代に入ってからである。[1] そのためイノベーションの働きを把握するためには、長期にわたる経済統計が欠かせない。マディソンはそれを与えてくれた。彼の研究が最初に出版されたのは1999年。[2] ということは10年余り前まで、経済成長の研究は暗闇で手探りする状態だったということだ。ただし、現在の経済学者がマディソンのデータをあまりに軽率に使っているという事実はつけ加えておいたほうがいいだろう。過去1000年分のGDPデータを作成するのだから、当然そこにはかなりの仮定や推量が入り込んでくる。これまで見てきたように、第二次大戦前には国民所得という概念そのものが今とはちがっていた。マディソンはそうした膨大なデータに現代の定義を当てはめてGDPを再構成したのだ。別の経済史家から見れば、ある国や期間のデータはまったくちがった意味を持ってくるだろう。マディソンのデータは国と時代を超えて成長パターンを調べるための便利な（そして唯一の）道具だが、しかし絶対に正しいという前提で使うべきではない。

歴史の偶然というのはおもしろいもので、技術と経済成長の関係を実証的に見ることができるようになったのとちょうど同時期に、ある新技術が世の中に広まり、まさに経済を押し上げようとしていた。コンピュータとインターネットによる革命である。ポール・デヴィッドのいうとおり、そこには大きなタイムラグがあった。もともとプログラム可能なコンピュータは、第二次世界大戦が生んだ主要なイノベーションのひとつだった。イギリスではブレッチリ・パークの政府暗号学校の暗号解読とアラン・チューリングの画期的な理論が、またアメリカでは戦中から戦後にかけてジョン・フォン・ノイマンらによる核兵器開発がコンピュータを生みだしたのだ。軍事と学問の領域で生まれたコンピュータはやがて大企業に取り入れられ、さらに80年代になってようやく一般のオフィスに普及する大きさと値段になり、それから少しずつ各家庭へと広まっていった。一方で、コンピュータ間の通信プロトコルが別の方面から登場してきた。70年代にアメリカ国防高等研究計画局（DARPA）などの機関が開発したものだ。複数のコンピュータをつなぐ通信は70年代半ばから学問の世界に広まっていったが、当時インターネットの利用にはきわめて高度な専門知識が必要だった。80年代末までつづいたその状況を変え、インターネットを誰でも使えるようにしたのが、ティム・バーナーズ＝リーによるワールド・ワイド・ウェブ（WWW）の発明だ。そして1991年、バーナーズ＝リーが勤めていたジュネーヴの欧州原子核研究機構（CERN）に世界初のウェブサイトが開設された。バーナーズ＝リーの言葉を借りれば、インターネットが「みんなのもの」[3]になったのだ。90年代半ばごろから普通の人たちがウェブに参加しはじめ、それから20年で先進国ではネットにつながるのがほぼ当たり前の状況になり、途上国にもその波は急速に広がってきた。とくに途上国でのインターネットの普及に大きく貢献しているのが、携帯電話とスマートフォンだ。光ファイバーにつづき、とりわけモバイル通信その他の無線通信のイノベーションが遠隔通信技術に大きな革命を起こした。一連の情報通信革命にかかった期間は、40年に及んだ。

「ニューエコノミー」ブーム

80年代半ばになると、多くの企業がコンピュータを購入・利用していることはもはや明らかだった。ところが、その経済に対する影響はさっぱり見えてこなかった。ロバート・ソローが1987年に『ニューヨーク・タイムズ・ブック・レビュー』に寄せた一文は有名である。「コンピュータ時代はいたるところに見られるが、生産性の統計だけは別だ[4]」。

実際、コンピュータの恩恵が生産性やGDPという形で表れるまでには、さまざまな技術革新の統合に加えて新たなコンピュータや通信装置への投資、さらにはそうした新たなツールを使うための業務改革が必要だった。テクノロジーを利用して生産性を飛躍的に上げた企業の先駆けとしては、ウォルマートの例が代表的だ。マッキンゼーの試算によると、90年代後半のアメリカの生産性上昇のなかでウォルマートの占める割合はかなり大きいという。[5] ウォルマートがつくりあげたビジネスモデルは、きわめて高度な物流オペレーションを通じて中国など低コストの国から商品を調達し、それを郊外の巨大店舗で大量に販売するというものだ。これは小売業のあり方をくつがえす改革だった。90年代から2000年代アメリカにおける情報通信分野への事業投資を分析したさまざまな研究によると、業務改革なしでは生産性の伸びは小さいが、業務改革をおこなえば生産性は大幅に向上することがわかった。[6]

ソローの懐疑的な記事が出てから10年後、ようやくコンピュータ革命の経済効果が（少なくともアメリカでは）見えはじめた。90年代初頭の不況は終わりを告げ、アメリカは資本主義がはじまった時期以来の長い好景気に包まれた。1991年から2007年までのあいだにGDPが縮小したのはたったの2四半期（いずれも2001年）で、その幅もわずかだった。ほかの国々でも、アメリカほど華々しい数字ではないにせよ、長期的な景気拡大がつづいていた。GDPの成長率は年々揺れ動くが、長期的な平均値を見ることで傾向をつかむことは可能だ。経済学者たちは「潜在」成長率、つまり成長のポテンシャルに着目した。これは労働力および資本の供給がどれだけのスピードで伸びているか、そしてそれらがどれだけ生産的に使われているかをもとに導きだされる数字だ。アメリカの生産性の伸び率は1972年から1996年の期間で平均1・38パーセントだったが、1996年から2004年には平均2・46パーセントに上昇した[7]。そしてアメリカの潜在成長率の推計は、年間2パーセント以下だったものが、もっとも楽観的な評価で年間3パーセント以上にまで上昇した。複利効果を考えれば、これはけっして小さな数字ではない。年間2パーセントの成長率ではGDPが倍になるのに35年かかるが、3パーセントの成長率なら倍になるのに24年しかかからない。このままいけば、新たな時代のテクノロジーが戦後の黄金時代を追い越す日も遠くなさそうだった。

にわかに人々の口から「ニューエコノミー」あるいは「ニューパラダイム」という言葉が聞かれるようになった。新たなテクノロジーの出現は、とどまることのない生産性の向上をもたらしてくれるように思えた。なかでも熱心にニューエコノミーを推していたのが、連邦準備制度理事会（FRB）議長を長くつとめたアラン・グリーンスパンだ。経済の潜在成長率に関する彼の見解はきわめて大きな意味を持っていた。インフレにつながりそうな需要の伸びがあれば、金利と金融政策で押さえ込むのが彼の仕事だからだ。しかし今回はその必要はなさそうだった。新たなテクノロジーのおかげで成長のポテンシャルが上がっているなら、需要が増加してもすぐに供給が追いつくはずだ。グリーンスパンは自伝『波乱の時代』のなかで、1995年にFRB職員たちと初めて「パラダイムチェンジ」の可能性を話し合ったときのことを振り返っている。「40年代後半からずっと景気循環を見てきたが、こんなのは見たこともない」と彼は同僚たちにいった。「これほど深く持続的な技術の変化は、50年か100年に一度しか起こらないだろう[8]」。

彼のいうことはもっともだが、結局は間違っていた。金融危機後の現在から見れば、ニューエコノミーの騒ぎはただの幻想だった。アメリカをはじめとする各国で、この5年間（本書の執筆時点で）ずっとＧＤＰの伸びは停滞し、同時に生産性の伸びもすっかり減速している。しかし90年代半ばから２０００年代半ばまでの10年間についていえば、経済がよい方向に持続的な変化をとげたことは、どんな証拠を見ても明らかだった。ＧＤＰ統計を含めてだ。しかもその数字はあらゆる点から見て、実際の成長率よりも相当控えめであるはずだった。

サービスの価値をどう測るか

テクノロジーの新たな波がＧＤＰのイノベーション測定能力に疑問を投げかける以前から、経済のなかにはどうしても測定しにくい部分があった。たとえば、大半のサービスがそうだ。もともとＧＤＰは、非常にかぎられた物的資源をある時点でどれだけ利用したか／利用できるかを測るために生みだされたものだった。難しい点はあるにしても、モノを測るのだから合理的でシンプルだ。一方でサービス部門では、統計の基礎となるデータが集まりにくい。すでに述べたように、アダム・スミスはサービスというものを非生産的な営みだと考えていたので、そもそも測定する必要がなかった。30年代に初期のＧＤＰデータを作成したコーリン・クラークは、サービス関連のデータが手に入りにくいことを嘆いている。産業革命後の世界には綿花や石炭の生産量データはあふれていたが、サービスの測定はほとんど手つかずだった。１９３７年時点ですでに、イギリスやアメリカではサービス部門が雇用の半分近くを占めていたにもかかわらずだ。[9]

サービスはそのほかにも、統計家たちに難題を投げかける。たとえば名目ＧＤＰは消費者が市場価格で購入した財やサービスの合計価格を測るものだ。民間部門のサービスなら値段はわかりやすいが、公共部門のサービスではそうはいかない。民間と直接競合する分野であれば、民間部門の価格をもとに見積もることも可能だ。だが民間に競合企業が存在しない場合、あるいは市場がまったく競争的でない場合は、そのサービスを担当する公共部門の職員の給料をもとに価値を測定するしかない。それでとりあえずGDPは算出できるが、問題はその方法をとると、職員1人あたりの生産量の伸びが数字に表れないということだ。公共サービスの生産性が低いことを嘆く声は多いが、その一部には、こうした統計的な問題が見過ごされている面もあるかもしれない。

公共サービスの生産性という問題は、生産性に関するさらに深い問題へとつながっている。生産性とは文字どおり、生産物に関する言葉だ。どれだけのインプットをもとに、どれだけのアウトプットを出したかが問題になる。サービス業で主なインプットといえば、従業員がその仕事をするのに費やした時間だろう。ではたとえば、教師のアウトプットとは何か。卒業させた生徒数、1年を終えたときの成績、その後の生徒たちの学歴、それとも卒業後の生涯賃金？　あるいは生徒たちが大人になったとき、学校で学んだことをもとに仕事と家庭を充実させ、音楽やスポーツも楽しんで生きることができるかどうか？　また看護師の生産性は、1日に接する患者の数で決まるのか、それとも患者の病状に対する貢献度を測らなくてはならないのか？　美容師の生産性はヘアカットの件数で決まるのか、それともカット技術や店の雰囲気によって高い料金をとれる人のほうが生産性が高いのか？

もちろん、これらの問いに答えはない。そもそもそうやって測れるものではないからだ。しかし現実に、サービス業はOECD加盟国のGDPの3分の2以上を占めている。しかもそこには、金融サービスというさらに厄介な問題まで存在するのだ（金融サービスについては、第6章で詳しく検討したい）。

イノベーションと多様化

最近とくに存在感を増しているのが、GDPの測定方法ではイノベーションの効果をうまく把握できないという問題だ。イノベーションはいつでも起こっているが、90年代はとくに情報通信技術を利用した新製品やサービスが続々と出現し、企業や消費者の支出で大きな割合を占めるようになった。なぜGDPはイノベーションを測れないのだろうか。カリフォルニア大学バークレー校で経済史を研究するブラッド・デロングは、住宅照明の進化を例にしてこの問題を説明している。家庭の照明器具は、産業革命前の高価な獣脂ろうそく（光よりも煙ばかりを出していてほとんど使われなかった）の時代から、灯油ランプやガス灯を経て、現代のスイッチひとつで使える電灯へと移り変わってきた。1500年代には、ろうそくは高価なうえに質が悪かったので、暗くなると人々はベッドに入って眠っていた。それが1990年代には、うっかり電気をつけっぱなしで旅行に出かけたとしても、あとで「しまった」と思う程度だ。数十年、数百年のあいだに、1ルーメン（明るさの単位）あたりの価格は劇的に下がった。そして同時に、照明の質はすばらしく上がった。[10] ところがGDPの算出に使われる生データ――ろうそくが売れた数やランプ・電球が売れた数――を見ても、どれほど低価格で高品質のものが手に入るようになったかはけっしてわからない。ウィリアム・ノードハウスの有名な研究によると、通常の価格調査では19世紀初頭以降の照明の値段が900倍から1600倍という誤差で過大評価され、その実際の価値が過小評価されているという。もしもこれが急速に進化しているほかの技術にも当てはまるなら、GDPの実質成長率は現実よりはるかに過小評価されていることになるだろう。

実際、このような例は経済のいたるところに見られる。現代のGDP成長は、たえまないイノベーションと爆発的な多様化のプロセスだ。「増えすぎた」選択肢の弊害などと言われることも多いが、データは逆のことを示している。商品の多様化（たとえばシリアルの味や本の種類）から消費者が受けとる価値を計量的に推計した結果、シリアルのアップルシナモン味といったような一見ささいなイノベーションからでも、消費者は大きな価値を受けとっていることがわかった。[11] こうしたささいなイノベーション（シリアルや歯磨き粉、紅茶のフレーバー）から、もっと発明らしい発明（マジックテープやハイブリッドカー）、そしてよりハイテクなイノベーション（スマートフォン、タブレット、遺伝子ターゲット薬品、グラフェンなどの新素材）までを合わせると、その価値はいったいどれほどになるだろう？

質の劇的な向上と価格の低下をどうやってGDPに組み込むかという問いは、90年代半ば以降のコンピュータの普及によっていっそう切実なものになった。わずか10年のあいだに、私たちをとりまくコンピュータ環境は急激に変化した。昔はごく一部のテクノロジー好きな人がアップルのLisaやマッキントッシュを持っていただけだったが、やがてよりパワフルなコンピュータを多くの人が持つようになり、同時に各家庭へのインターネットの普及が急速に進み、携帯電話もどんどん広まった。さらにその後の10年で、まずノートパソコン、その後タブレットやスマートフォンがいたるところで見られるようになった。これほどのスピードで新技術が普及したのはかつてないことだ。しかも利用者が急速に増える一方で、価格は急速に低下した。ウィリアム・ノードハウスは、コンピュータの処理能力単位あたりの価格低下スピードを計算し、次のように述べている。「インフレ調整後のドルあたり、あるいは労働単位あたりで見た場合のコンピュータのパフォーマンスは、1900年以降1兆から5兆倍の規模で増大した。これは年間30―35パーセントの成長が1世紀にわたってつづいた計算になる」。公式の統計はコンピュータの性能向上を十分につかみきれておらず、そのため価格低下を過小評価している、と彼は主張する。(12)

アメリカではこの点を調査するための専門家チームが結成された。ボスキン委員会である。すでに述べたように、ボスキン委員会が96年のレポートで出した結論は、コンピュータやカメラや電話といった製品の性能アップが考慮されていないためにアメリカのインフレ率が年間1・3パーセント過大評価されており、そのせいで実質GDP成長率が過小評価されているというものだった。物価上昇（あるいは実際よりゆるやかな下落）と見えたものは、実際には品質と消費者体験の著しい向上を反映した数字だったのだ。こうしたボスキン委員会の報告を受けて、アラン・グリーンスパンとFRBのメンバーたちは経済の潜在成長力に対する自信を深めた。さらにこの報告の影響で、アメリカをはじめ各国の統計機関では、名目GDPを実質GDPに変換するための価格指数の計算に「ヘドニック物価指数」を採用しはじめた。

ヘドニックという名前は、ギリシャ語で「快楽」を意味する言葉から来ている。この指数では、利用者にとっての価値を可視化して本当の価格を導きだすために、商品の質の変化を計算に入れる。たとえばコンピュータのヘドニック価格は、コンピュータに組み込まれた種々の機能の価格から導きだされる。そのためには、各種コンピュータの販売価格だけでなく、それぞれのマシンの機能に関するデータも集めなくてはならない。メモリの容量、ディスプレイのサイズと解像度、無線LAN内蔵の有無。そしてそれらの機能をもとに、実際の価格を逆算していくのだ。これは、それぞれの機能と販売価格とを結びつける係数を算出するための推計式によって求められる。そして機能の向上と結びつかない価格上昇部分が、インフレによるものと位置づけられる。質の向上に応じた価格上昇はインフレに含まれないということだ。このやり方は多数のハイテク製品に適用されている。その結果、数年分のアメリカのGDPおよび経済成長率の推計値が以前より高い数字になった。ただしほかの国々も、この方式の導入によってアメリカに数値上追いついてきた。イギリスやカナダ、日本などの各国がアメリカの後に続き、ハイテク製品の価格計算にヘドニック法を取り入れている。

同時期にアメリカの統計に取り入れられたもうひとつの変化も、同じような効果をもたらした。企業によるソフトウェア購入の扱いが、中間財の購入から、一種の投資へと変更されたのだ。それまでソフトウェアは、機械部品や文房具と同じような企業間の売買として扱われ、最終販売としてGDPの数値に加算されることはなかった。しかし新しい基準では、機械や工場と同じように、長期的に少しずつ利用されて将来的に利益をもたらす投資として扱われるようになった。この変更には賛否両論あった。ソフトウェアは製造ラインの機械などにくらべて寿命が短く、10年どころではなく2年ほどのスパンで買い替えられる。同じ耐久財と見なすには短すぎる期間だ。それに、企業向けソフトウェアと一般消費者が購入する個人用ソフトウェアのあいだに明確な線引きはない。大企業であればベンダーと直接契約して高価なソフトウェアを買うだろうが、中小企業の場合は近所の量販店で会計ソフトのパッケージを買ってくることもあるだろう。それをすべて正しく把握するのは難しい。さらにいえば、ソフトウェアの性能とそれをインストールしたコンピュータの性能は明確に分けがたい部分がある。だからヘドニック指数で計算したうえにソフトウェアを投資扱いすると、質の向上を二重に数えることになるかもしれない。そういった懸念がありながらも、公式な統計では企業によるソフトウェア購入を投資支出として扱うようになった。

ヘドニック指数の導入と、ソフトウェア購入の投資への変更によって、90年代後半から2000年台前半にかけての実質GDP成長率は見かけ上大きく伸びた。実際に世の中は好景気だったし、GDPが完全に嘘だったわけではない。しかしそれらの変更によって、実際以上に経済が好調に見えていた可能性は否めない。しかもヘドニック指数による計算を最初に取り入れたのはアメリカだったので、ヨーロッパ諸国や日本にくらべてアメリカ経済が強く見えたことは確実だ。海の向こうでは経済政策担当者が頭を抱えていた。コンピュータはどの国のどんな企業でも公平に利用できるのに、なぜコンピュータ革命による生産性向上の効果はアメリカにしか現れてこないのか？　当のアメリカ人たちは、自国の経済と「ニューパラダイム」の勝利に酔いしれていた。シリコンバレーには英雄が続々と現れ、株価は高騰していた。95年のメキシコ通貨危機や97―98年のアジア通貨危機とロングタームキャピタルマネジメントの破綻危機、さらには2001年のハイテク株下落とその後の同時多発テロでさえ、短期的な緊急対応のあとはとくに顧みられなかった。アメリカ経済は何ごとにも動じないほど好調に見えたし、GDPは2001年の一時的で小ぶりな下落のあと、数年間は順調に伸びつづけた。

ニューエコノミーがGDPに投げかけた問いは、今でも未解決のまま残っている。GDPはいまだにサービスの価格をうまく測れず、しかも人々がサービスに支払う金額の割合は増える一方だ。そしてGDPは現代資本主義のもっとも顕著で重要な特徴、すなわち「イノベーション装置」としての側面を捉えることができない。[13] イノベーションを測るためには経済の大きさよりも、財やサービスの多様性に目を向けるべきだ。2001年に発表されたある研究によると、アメリカではここ40年のあいだ年間1パーセントというハイペースで多様性が増していて、そのペースはどんどん加速しているという。[14] GDPが発明されたのは、こうした多様性が出現する以前のことだった。そして今でも、ヘドニック指数の対象となっている一部の製品以外は、その多様性を測ることができずにいる。GDP測定のこれら二つの欠陥は、ひとつに収束しつつある。なぜなら1980年代ごろからのサービス業の成長を大きく支えてきたのは、情報通信部門に関連したまったく新しい活動を含む事業向けサービスだからだ。私は1996年の著書で、経済が10年以上にわたって「重さ」のない成長をつづけていると指摘した。その間の付加価値の増加はすべて、形のないものに由来しているのだ。[15] 形と重さのある製品のためにデザインされた統計手法では、重さを失ってゆく経済をうまく測ることができない。

こうした議論から導かれる教訓は、GDPは生活の豊かさを測る尺度ではないし、そのように意図されてもいないという事実だ。GDPは生産量を測る尺度である。第1章で見たように、もともと国民経済計算の先駆者サイモン・クズネッツは豊かさを測る指標をつくりたがっていた。だが戦争を前にして彼の理想は破れ、限られた資源と労働力を有効利用するための生産物および生産力を測るという切迫した問題にその座をゆずったのだ。もしも国民の生活の豊かさを測りたいなら、GDPはあまりいい出発点ではない。つまり、GDPをそのように修正しようとすれば——ヘドニック指数だろうと、次章で紹介するよりラディカルなGDP代替案だろうと——それは必然的に、GDPを本来の目的とはまったく別のものにつくり変える試みとなってしまうのだ。

第5章　金融危機――現在

ギリシャ悲劇の3要素――傲慢、愚行、破滅

古典的なギリシャ悲劇は、三つの要素でできている。ヒューブリス（傲慢）、アテ（愚行）、そしてネメシス（破滅）。２００８年の金融危機がはじまったとき、世界の動きはまさにこの3要素を体現していた。

傲慢にあたるのは、当時の経済成長モデルに対する過信だ。このモデルを支えていたのは技術的イノベーションに加えて、金融市場の自由化とより広い意味での「自由市場」の思想、それに金融と貿易のグローバリゼーションである。１９９０年代から２０００年代にかけてグローバリゼーションはその範囲と対象を拡大したが、その弊害を説く強固な反対派も多く現れてきた。反対派の主な言い分は、１人あたりＧＤＰの高い富裕国が最貧国（その多くはサハラ以南のアフリカ）を引き離し、国際的な格差が大きく広がってしまうというものだ。だが経済学者の多くは（私を含めて）こうした反グロー

バリゼーションの動きに懐疑的である。気持ちはわかるが、現実を見誤っている。むしろ経済的なグローバリゼーションのおかげで、多くの途上国――とくにインドや中国――は豊かになっているのだ。取り残されているのは、国内紛争やひどい政治体制によって国際的な金融と貿易の流れに乗り遅れてしまった少数の国だけだ。グローバリゼーションは、国際的な投資の成長を含めて、おおむね世界をよい方向へ後押ししているという見方が一般的である。その証拠に、グローバル市場への関わりが深まるにつれて、インドやとりわけ中国で貧困が大きく減っている。金融危機を考慮に入れても、この事実は否定できない。ほかの途上国も例外ではなく、インドネシア、ナイジェリア、ガーナ、モザンビークなどの国が続々といわゆる新興市場に仲間入りをはたしている。

それでも、過信があったのは事実だ。２０００年代半ばにおける先進国の持続的なGDP拡大とBRICs（ブラジル、ロシア、インド、中国）の飛躍的な急成長、その他新興国の成長は、金融市場の傲慢を後押しした。人々は新たなテクノロジーによる生産性向上が経済成長の「ニューパラダイム」をもたらしたと信じていた。『ダウ３万６０００ドル』という書籍がベストセラーとなり、アラン・グリーンスパンが「根拠なき熱狂」と呼んだ時代である。[1] もちろん一部には、バブルがやがて無惨に崩壊するだろうと早くから指摘していた専門家もいた。[2] しかし大多数は、あえて大惨事を予言するよりも、金融市場の浮かれたムードに乗ることを選んだ。みんなが希望に満ちているときに、わざわざ不愉快で過激な発言をするのは誰だって気が引ける。それに、たとえ景気に陰りが見えたとしても、FRBが何とかしてくれるだろうという安心があった。グリーンスパンが議長に就任した１９８７年以来、FRBは何度もそうしてきたからだ。金融政策は確実に景気を刺激し、株式市場を盛り上げてくれるはずだった。何といっても、FRBの議長その人が、ニューパラダイムを誰よりも強く信じていたのだ。

2008年を経た現在では誰もが知っていることだが、金融市場は根拠なき熱狂だけでなく、不正や偽り（自己欺瞞も含む）、それに市場操作が横行する世界だった。企業も金融機関も倫理的な歯止めを失い、醜い欲望をむきだしにしていた。今でも金融やビジネスのエリートたちは、自分たちがどこまで道を踏み外したのかを十分に理解できていないようだ。経済・金融危機の責任の話になると、不当に悪者にされているといって憤慨する人も多い。これも一種の傲慢だろう。「なかには悪人もいたかもしれないが、金融業や大企業のやり方自体が間違っていたわけではない」と本気で考えているのだ。

さて、古典悲劇のパターンでは、傲慢が次に愚行を呼ぶ。実際、多くの愚行があった。エリートたちが自分に付与した数百万ドルの報酬パッケージ（報酬決定委員会は味方ばかりで構成されていた）。リスクを集中させ、倍増させる悪質な金融商品の開発。規制対象の業界と人に近づきすぎ、自己欺瞞と機能不全に陥った規制機関。そして何より、欲におぼれてビジネスの大義を見失ったこと。そもそもビジネスのめざすところは短期的な収益や株主の価値最大化ではなく、人々に商品やサービスを提供し（ときには本人さえ気づかないようなニーズに応え）、お互いの役に立つような取引をすることだ。企業の収益や株価の増大はゴールではなく、その副産物にすぎない(3)。

傲慢と愚行の結果、やってくるのは破滅だ。それまでにもアジア通貨危機やドットコムバブルの騒動はあったが、それでも2000年代半ば時点では、いわゆるアングロサクソン型資本主義が世界を制覇したと思われていた。トーマス・フリードマンの『レクサスとオリーブの木』や『フラット化する世界』がベストセラーとなり、その勝利を高らかにうたった。そこに込められたメッセージはこうだ。「多少居心地が悪くても我慢しなさい、なぜならグローバル資本主義は世界中を呑み込もうとしているのだから」。

だが2007年末の金融危機勃発を待たずして、いくらかの疑念は生まれてきていた。たとえば、BRICsの成長は単なる追い上げにとどまらず、欧米諸国を追い抜いてしまうのではないか。もともとBRICsという呼び名を考えだしたのは、ゴールドマン・サックスのエコノミスト、ジム・オニールだ。2001年のレポートで、彼はこれら新興大国の急速な成長ぶりを指摘し、このままいけば一部先進国のGDPを追い抜く可能性もあると初めて述べた。アンガス・マディソンによるGDPの過去データを見ると、1800年時点の中国の1人あたりGDPは、同時期の先進国（イギリス、フランス、オランダ）に匹敵するほどの大きさだった。産業革命開始以前は中国が世界でもっとも裕福な国だったと主張する専門家もいる。[4] だがその後、中国の経済は停滞し、急成長する欧米諸国に引き離された。

共産主義の被害は人だけでなく経済にもおよび、第二次大戦後の1人あたりGDPは縮小していった。マディソンのデータによると、1970年頃の平均的な中国人の生活は、西暦1000年時点と変わらないレベルにまで下がっている。しかし1981年以降は、鄧小平によって徐々に経済の自由化が進められ、中国経済はものすごい勢いで成長しはじめた。1人あたりGDPは欧米の水準に遠く及ばないものの、国全体のGDPではアメリカに迫る勢いだ。あるいはすでにアメリカを超えているという説もある。[5] もしも年間9パーセント強という現在のペースで成長しつづければ、中国の

GDPは8年ごとにほぼ倍増する計算だ。

このペースが長くつづくとは思えない。出遅れた分のキャッチアップで成長が容易だというのもあるし、人口問題や社会問題も山積みだからだ。一人っ子政策のおかげで、中国では急速に高齢化が進み、しかも女性に比べて男性の数が極端に多くなっている。福祉給付や老齢年金は今のところほとんど整備されておらず、政治的混乱の懸念も拭いきれない。不動産バブルによって債務もかさんでいる。だがそれでも、中国が政治的・経済的に世界でも重要な位置を占めるようになったことは疑いようのない事実だ。中国がこれほど経済的に成功したのは、国際的な貿易と投資の流れに乗ったおかげだった。欧米への輸出と対外投資が中国経済を強くしたのだ。欧米の企業や消費者が使っている製品は、大半が中国製だったり、製造の過程で中国を経ていたりする。国際的な物流の流れは中国の主要港を中心に回っている。欧米では中国や東南アジアに仕事を奪われるのではないかと危惧する声もあるが、世界の産業構造はもう後戻りできないほどに変化しており、いまさら元に戻そうとすれば経済の大混乱が待っているだろう。私たちは中国製の製品にすっかり依存しているのだ。とくにアメリカの中国依存は根が深い。1兆ドル以上のアメリカ国債を中国が保有し、財政赤字の穴埋めをしてくれているからだ。お互いに健全とはいえない関係である。

西洋の勝利の時代は、ここにきて転換点を迎えている。中国では世界金融危機のことを「北大西洋の危機」と呼んだ。2008年から2012年のOECD加盟国の実質GDP成長率は年間平均0・9パーセントにとどまったが、中国では年間9パーセントを超える成長を実現した。中国の先行きには不確定要素も多いが、この金融危機は経済だけでなく、地政学的な力関係に大きな影響を残すことになった。

この章では、金融危機が経済統計に投げかけた二つの根本的な問題を取り上げる。ひとつは、金融業界の役割に対する明白な問いだ。2008年以前の長い期間、あるいはそれ以降も相変わらず、政治家たちは経済に対する金融業界の貢献を高く評価してきた。しかし金融業界の混乱によって引き起こされた失業や倒産、納税者の負担などを考えたとき、それでもGDPのなかで金融が大きな位置を占めるべきかどうかを問い直してみる必要がある。そしてもうひとつ、市場経済の大きな危機を経て、経済成長の意味と経済理論そのものが問い直されている。過去数十年にわたって経済政策の基礎となってきた経済理論は本当に正しいのか。私たちは今までずっと、間違った目標を追いかけていたのではないか。本章ではまずこれらの問いを掘り下げ、GDPの未来を探る最終章でその答えを考えてみたい。

金融業は価値を生んでいるのか

世界金融危機は、金融業界に関する大きな問いを投げかけた。金融は何のためにあるのか、そして何より、金融はGDPのなかでどう扱われるべきなのか。無謀な行為から不正行為まで含む実態が明らかになった現在、金融部門が経済にプラスの影響を与えてきたといわれても納得するのは難しい。

ここ数十年のあいだ、金融部門の規模が大きいアメリカやイギリスでは、GDPや雇用、税収、国際収支に金融が大きく貢献しているという理解が常識となっていた。しかし銀行の破綻を防ぐために多額の税金が投入され、さらに中央銀行を通じて大規模な資金供給がおこなわれた後となっては、そうした財政的・経済的な貢献がはたして本当なのかと首を傾げたくなる。金融危機のコストは、その後の不況によるGDP減少分も含めると、全世界の年間GDPの1―5倍に相当するといわれる。(6)「今回の危機による傷は一世代のあいだ消えないだろう」とイングランド銀行理事のアンドリュー・ホールデンは語った。(7)

そもそも、経済統計において、金融は正しく把握されているのだろうか？　答えはノーだ。2008年第4四半期のイギリスのGDP統計を見れば、誰だって不審に思うことだろう。リーマン・ブラザーズが破綻し、世界の金融市場が機能停止の瀬戸際にあったこの時期に、イギリスの金融業界はかつてない勢いで成長したことになっているのだ。統計データによると、この時期の金融業は製造業とほぼ同じくらい経済に貢献したらしい。金融機関の「総営業余剰」(8)は50億―200億ポンドの幅で増加し、経済全体のなかで金融業の占める割合は9パーセントに上昇、さらに2009年には10・4パーセントへと上昇した（製造業の割合は11パーセント）。国が金融機関救済のために株式取得や資金供給をおこなっている最中に、そんな数字が出てきたわけだ。おかしな話である。国の統計はいったいどうなっているのだろう？

金融部門は、国の統計のなかでも測定がとくに難しい分野だ。イギリスのデータを見ると、金融部門は1850年以来、経済全体とくらべて2倍のスピードで伸びてきた。その伸びは主に二つの期間に集中している。19世紀後半から第一次世界大戦にかけてと、1970年代から2007年まで、いずれもグローバリゼーションが進んだ時期だ。1980年から2008年のあいだに実質GDPは2倍になったが、金融部門についていえば実質付加価値が3倍に増加した。アメリカやヨーロッパでも傾向は同じだ（アメリカのGDP全体のなかで金融部門の占める割合は、1950年代の2パーセントから2008年には8パーセントへと増加している）。アンドリュー・ホールデンにいわせれば、これは奇跡というよりマジックに近い。

問題は、金融業のアウトプットを測定する方法にある。サービス業は一般に顧客から手数料をとり、統計ではその料金によって産出した価値が測られる。ところが、金融業界で顧客から直接に手数料をとっているところは多くない。銀行はふつうサービスの手数料で儲けているわけではなく、自分たちが借りるときの金利（預金者に支払う利子）と貸すときの金利の差額によって主に利益を得ている。あとは投資による利益だ。OECDのGDP統計マニュアルでは、次のように説明されている。「（GDP算出の）通常の公式を使って測定すると、金融業の付加価値はとても少なく、場合によってはマイナスになります。つまり中間消費が売上よりも大きくなってしまうのです[9]」。

このマニュアルが書かれた時点では、銀行が経済の価値を減らすなどあり得ないことに思えた。そこで専門家たちは、金融仲介の儲けをなんとかして計測する方法を見つけようとした。そうして広まったのが、「金融サービスは経済の架空の領域でマイナスのアウトプットを出している」という考え方である。もはやわけのわからない世界だ。だがやがて1980年代になって金融業界が大きく成長すると、考え方はふたたび変わってきた。1993年版の国連SNA基準で導入され、現在も使われているのが「間接的に計測される金融仲介サービス（FISIM）」という概念だ。この考え方では、銀行が資金を借りるときと貸すときの利率をそれぞれリスクフリーの「参照利子率」（中央銀行による政策金利など）と比較し、利率の差を各残高に掛け合わせて銀行の生みだした価値を算出する。実際の計算はとても厄介で、とくにこの数字をインフレ調整後の実質ベースに変換するのはかなりの難題だ[10]。それでも定義上は、銀行のサービスをリスクの引き受けによって測定するという点で筋が通っている。

しかしこの定義には問題もある。リスクが大きければ大きいほど、金融機関の実質成長率が上がることになるからだ。そもそも銀行がリスクをとることに何の価値があるというのだろう。アンドリュー・ホールデンらはこう指摘する。「リスクを負担すること自体が生産的な活動であるとはいいきれない。家計や企業も、リスクのある債券に投資すれば、信用リスクや流動性リスクを負うことになる。リスクのある資産に投資するという行為は資本市場の基本的特徴であり、銀行の業務に限られたことではない。したがって概念的には、リスクベースの所得のフローが銀行のアウトプットを表すと断言することはできない[11]」。金融以外の分野では、リスクをとっても価値のあるサービスになるわけではない。むしろリスク管理のほうが大事だ。ホールデンはさらに、銀行の利益は実際より大きく計上されていると指摘する。レバレッジをかければリスクの数字はどんどん大きくなるからだ。つまり銀行の利益は統計上のまやかしだというのである（業績アップによって従業員が受けとるボーナスのほうはリアルである）。

こうした統計的錯覚は、あらゆる国のＧＤＰに影響する。アメリカのある研究は次のように述べている。「これは控えめな見積もりだが、現在の公式な手法は、１９９７年から２００７年までに商業銀行業のサービスによるアウトプットを少なくとも21パーセントは過大評価しており（これは２００７年第4四半期でいえば1168億ドル分)、GDPについては0・3パーセント(2007年第4四半期でいえば529億ドル分)過大評価している」[12]。ユーロ圏についていえば、銀行のリスク負担分を差し引いて調整した場合、金融業のアウトプットは25—40パーセント減少するという。イギリスで同様の調整をした場合、2008年のGDP全体に占める金融業の割合は9パーセントだったものが6—7・5パーセントにまで下がることになる[13]。これはかなりインパクトのある数字だ。近年の金融業界全体の大きさが、少なくとも20パーセント、場合によっては50パーセントも過大評価されていたのである。

GDPのなかで金融業界の占める割合が過大評価されていたら、何が困るのか? それは国の政策が、経済の主要部門を中心に決められるからだ。金融危機のあいだ、金融業界のロビー活動は規制改革に関する政治判断に多大な影響を与えてきた。これは投資銀行が政党に献金をしているためだけではない。金融業界が雇用や経済成長に大きく役立っていると、政治家たちが本気で信じているからだ[14]。イギリスの大蔵大臣アリスター・ダーリングは、金融危機を振り返って「我々の経済にはこの産業が必要なのだ」と述べている[15]。金融業界が経済をぶち壊しそうになっていたというのに、危機のまっただ中にいた大臣がそういいきるのだ。元FRB議長のアラン・グリーンスパンも、GDPの成長を金融業界の巨大化や複雑化と明白に結びつけて語っている。「戦後、分業やグローバリゼーションや技術の進化が進むとともに、金融業界の複雑さも増していったようだ。複雑さのひとつの指標として、GDPのなかで金融および保険の占める割合は劇的に増加した。たとえばアメリカでは、1947年には2・4パーセントだったものが2008年には7・4パーセントになり、2009年の厳しい落ち込みのなかでも7・9パーセントとさらに増えている」[16]。

金融が経済にとって戦略的に重要な分野であるという見方は、統計手法の変化に合わせて確立されてきた。もともとのＳＮＡ（１９５３年版）では、金融業界はＧＤＰに対してマイナスであるか、プラスだとしてもわずかな貢献にすぎなかった。金利による収入（ＦＩＳＩＭが測定しているもの）は金融業界内での中間投入の扱いだったので、ＧＤＰに計上される金融業の最終付加価値には含まれなかった。金融業というのは概して「非生産的」な活動だったわけだ。だがアメリカでは１９４７年から１９９３年まで、金融仲介による利息収入（帰属利子と呼ばれる）を金融以外の別の業界への投入と位置づけることになった。このやり方は世界的な標準として、１９６８年版のＳＮＡにも取り入れられた。「（帰属利子は）すべて中間消費と見なされた。より明白にいうなら、独自のアウトプットを産出しない概念上の部門だけに存在する投入／経費という扱いである。そう、財やサービスを提供しない架空の業界が銀行仲介の「買い手」として理論化されたのだ。こうして金融仲介業の「サービス」は生産的なアウトプットと見なされ、実体のある業界に買われるのではなく、帰属利子と同額の（プラスマイナスの符号だけがちがう）負の付加価値を生産するダミー業界のブラックホールに手際よく吸い込まれることになった[17]」。イギリスは１９７３年、フランスは１９７５年にこの方式を採用した。非生産的だった金融部門が、生産的な部門へと概念上の変化をとげたのだ。さらに１９９３年版のＳＮＡは、金融業界の立ち位置の変化をさらに加速した。国際銀行業務に関する論文のなかで、ブレット・クリストファーズはこう述べる。「これまで銀行の借入と貸出はセットで扱われていた。両者が一体となり、後者で得た利息から前者に支払った利息を差し引いた金額がその価値となるようなサービスを構成していると考えられていたのである。だが93ＳＮＡではこのふたつの機能を切り離し、それぞれを

──別々に──測定可能なアウトプットを生みだす生産的活動として定義している」[18]。皮肉なことに、イギリス国家統計局がFISIMを全面的に取り入れたのは、2008年の統計が最初だった[19]。この考え方の転換により、金融はそのほかの経済活動と同じやり方で理解されるようになった。ちょうど製造業者が原料からより価値のある製品を生みだすように、銀行はリスクをとることによって、リスクフリーのリターンからより高いリターンを生みだしている。そうやって資金を出す側（預金者や貸し手）と受けとる側（借り手）の双方にサービスを提供しているという考え方だ。しかし数十年に一度の金融危機が起こっている真っ最中に、金融業のGDPへの貢献度が大幅に上がるというのはおかしな話だった。統計手法に何らかの欠陥があるとしか考えられない。そんなわけで専門家たちは、銀行のリスク志向的行動を考慮に入れてFISIMを調整する手法を提案しはじめている。今後さらに多くの技術的な提案が出てくることだろう。

だが統計手法とは別に、もっと根本的な疑問もある。そもそも金融は、GDPに含めるべきものなのか。それに「生産的」な活動とは、いったい何を意味しているのか。この章の残りの部分では「生産性」への問いを提起し、さらに経済における価値とは何かという根本的な問題に踏み込んでいく。金融危機は多くの人の心に、GDPによって測られる金銭的価値だけが本当に重要なのかという疑問を植えつけた。ある種の経済活動だけを偏重するこの社会のゆがみを、金融業界は象徴しているのかもしれない。今回の金融危機は、いまだ決着のつかない古くからの論争に新たな燃料をくべたのだった──私たちはこのままGDPを使い、お金が発生する活動を測りつづけるべきなのだろうか。それとも人々の豊かさを測るような、新たな尺度を探すべきだろうか？

生産と非生産の境界

第1章で見たように、アダム・スミスはあらゆるサービス業を「非生産的」だと考えていた。もちろん金融もそのひとつだ。経済における金融の役割を論じた著書のなかで、ブレット・クリストファーズがこう述べている。「本当の問題は生産性を測る個々の方法にあるのではなく、経済における生産的な活動を特定し、それを非生産的な活動と区別したがる社会の根深い固定観念にある」[20]。理論的には、GDPは生産的活動と非生産的活動を区別しなくてすむようになっている。GDPの測定対象はお金の支払いが発生する活動であり、人々がわざわざお金を払うということはすなわち生産的な価値があることだからだ（もちろんお金以外の価値も世の中には存在するけれど）。ところが金融サービスや税金による公共サービスについて見てきたように、人々が直接お金を払わない活動を「経済」の定義に含めようとすると実務上の問題が出てくる。18世紀や19世紀の経済学者は、そんなことに頭を悩ませなかった。政府支出や銀行のサービスは国民所得の定義に含まれなかったからだ。しかしその後、それらを経済に含める考え方が世の中の主流になってきた。国民経済計算の生みの親のひとりであるリチャード・ストーンは、経済統計に含めるものと含めないものの区別が恣意的であることを率直に認めている。「商品の価値を市場価格で測り、政府のサービスを必要なコストで測り、家庭内の無償労働をまったく無視する。このような扱いは何らかの理論に基づくものではなく、実務上の便宜のためである。したがってその正当性は実務の面においてしか認められない[21]」。

生産的活動と非生産的活動を分ける概念上のラインのことを、経済学では「生産の境界」と呼ぶ。といっても目に見えるラインが存在するわけではないので、どうしても恣意的な判断が入り込んでしまう。ときには単に便利だからという理由だけで決められることもある。いったんそうして線が引かれると、今度はその境界自体が自己達成的な性格を帯びてくる。GDPの定義に含まれているという事実こそが「生産的」であることの印だからだ。クリストファーズは次のように説明する。「GDPは経済の産出量を測り、とりわけ業界や部門ごとの産出への貢献度をはっきりと数値化してみせる。「この部門は国の経済の半分の大きさで、あの部門は4分の1しかない」といった調子だ。そうすることによって国民経済計算は我々の固定観念を継続的に制度化する絶好の手段となったのである[22]」。

生産の境界については、いくつか異なる観点からの論争もつづいている。ひとつは「インフォーマル経済」、またの名を「地下経済」や「裏の経済」と呼ばれるものに関する論争だ（本書ではインフォーマル経済という言葉を使いたい）。インフォーマル経済は税金や法律の網をすり抜けた経済活動であり、そこには当然ながら、信頼できる統計情報というものが存在しない。こうした経済活動のなかには、たとえば経済学で「家庭内生産」と呼ばれるもの、つまり家庭における無償労働も含まれる。よく知られたパラドックスだが、自宅で雇っていたハウスキーパーと結婚して無償で家事をしてもらった場合、同じ労働でも賃金が発生しないのでGDPは減少する。もうひとつの論争は、人々の暮らしの向上に寄与しない分野（銀行よりもむしろ、訴訟費用や武器の販売、環境を壊す産業など）をGDPから除外すべきではないかというものだ。こうした主張をする人々は、豊かさや幸福を統計調査で計測することにも熱心なことが多い。またそれに関連して、欧米の裕福な国にはこれ以上の経済成長は必要ないという議論もある。こうした「ゼロ成長」路線は、今も昔も環境保護への関心と結びついているようだ。[23] これらの論争について、順に見ていこう。

インフォーマル経済をどう扱うか

1987年、イタリアはGDPが一夜のうちに急上昇したことを発表した。無届けの経済活動の推計をGDP統計に含めることにしたからだ。この変更でイタリアの経済規模は約20パーセントも拡大し、一気にイギリスを抜いて、4位のフランスに僅差で迫る世界第5位に躍り出た。イル・ソルパッソ（追い越し）と呼ばれるできごとである。「イタリアは歓喜に包まれた。経済学者が統計の見直しをおこない、脱税者や不法就労者からなる厄介な地下経済を初めて国の経済に組み入れたのだ」と『ニューヨーク・タイムズ』紙は報じた。[24]

インフォーマルな経済の観測と分類は、人類学者キース・ハートの研究に端を発している。彼は60年代後半から70年代前半にかけて、ガーナでフィールドワークをおこなった。この研究によって、広大なインフォーマル経済の世界が人々に認知されはじめた。税金を払わず、許可を得ず、健康や安全や雇用についての規制を無視して営まれている商売。だが悪い面ばかりではない。インフォーマル経済では起業が盛んで、どんどん雇用が生みだされる。一部の国では政府の規制があまりに厳しいため――途上国では工業製品の輸入に高い税金がかけられていたり、先進国では棚や流し台の配置にまで細かなルールがあったり――仕方なく非合法でやるしかないこともある。あるいは貧しすぎて、まともな仕事を選ぶ余裕がない人々もいる。

どんな国にも、帳簿に載らない商売はある程度存在する。その規模を知る方法はさまざまで、たとえば電気の使用量や現金の支払いをもとに推測するなどのやり方がある。調査の対象には組織犯罪など明らかに悪質なものもあれば、届け出がないだけでおおむね無害な商売も含まれる。途上国では、こうした税金や規制の網に引っかからない経済活動がＧＤＰのかなり大きな部分を占めている。貧しい国では自分で商売をはじめたり、農業をやったり、日雇いで働いたりする人が多いので、「インフォーマル」すなわち非公式な経済の割合が大きくなるのだ。先進国におけるインフォーマル経済の比率はさまざまで、アメリカの７パーセントやスイスの８パーセントから、イタリアの20パーセントやギリシャの25パーセントまで幅がある（２０１２年の推計値）。平均値はＧＤＰの15パーセントというところだ。また、もと共産圏の国々ではＧＤＰの21―30パーセントが平均的で、より貧しい国では35―44パーセントとなっている。インフォーマル経済の規模は全世界で拡大している。フリードリヒ・シュナイダーはこう述べる。「いくつかの国のデータに基づいた研究から、裏の経済が規模と力を増している背景には、税負担や社会保障負担の増加、そして公的労働市場に対する規制強化という事情が存在していると考えられる[25]」。

非公認の経済活動をＧＤＰに含めるというイタリアの決定は少々議論を呼んだが、すぐに騒ぎはおさまった。今ではほかにもいくつかの国が同様の修正をおこなっている。税金や規制を避けて現金ベースで営まれるインフォーマル経済は統計的に把握しにくいが、それでも雇用と産出を生みだしており、ついに生産の境界の内側に位置づけられるようになった。そこには市場経済におけるお金のやりとりが含まれているからである。

一方、ほとんどお金のやりとりが発生しないために、生産の境界から締め出されている経済活動もある。家庭内生産や自家生産と呼ばれるものだ。家庭内生産には、家庭内で自分たちのためにおこなう労働がすべて含まれる。料理、掃除、育児、家庭菜園、裁縫、家の修繕といった仕事だ。これらはお金を出してアウトソースすることも可能だが、自分たちですませることのほうが多い。なぜこうした無償の家庭内労働が経済にカウントされず、お金を出して家事を依頼したときだけGDPに含まれるかというと、主な理由は測定が難しいからである。いや、「難しい」という表現は正しくない。多くの経済データと同じように、統計調査をすればいい話だ。だが国の統計機関はこの分野を放置している。そこには、家事労働が主に女性の労働だからという理由もあるのだろう。

一部の国では、家庭内生産の状況を把握するための「時間利用調査」を実施し、同種の仕事の一般的な賃金をもとにそれらの労働を数値化して経済への貢献度を評価している。アメリカでは定期的な調査となっているし、オーストラリアやカナダなどでも比較的ひんぱんに実施されているようだ。だが、そういう国はまだ少数派である。イギリスでは2000—2001年の調査以降、一度もまともな調査がおこなわれていない。[26] 時間の使い方は、時代とともに変化する。1960年代以降多くの女性が有償の仕事にシフトしたし、豊かな国では自由に使える時間が増えてきた。また、景気も時間の使い方に影響する。不況になると、外食を控えたり掃除を自分でやったりするからだ（ただし貧しい国では普段から自給自足が一般的であることも多く、その重要性は景気に左右されにくい）。とはいえ、景気がいいときでも無償のインフォーマル労働の規模はけっして小さくない。人々が労働に費やす合計時間の半分以上は無償労働なのだ。2001年のイギリスを例に挙げれば、こうした無償労働を同種の仕事の賃金をもとにお金に換算した場合、国民生産の値が従来の1・85倍にまでふくらむ計算になる。(27)国によって数字に差はあるけれど、その重要度は変わらない。これほど大きな活動が、慣習的にそして恣意的に、正式なGDPデータから除外されているのである。

GDPか、豊かさか

料理や子育てといった家庭での活動を経済統計に含めるかどうかという問いは、人々の生活の豊かさ（経済用語でいえば「社会福祉」）をどこまで経済統計に含めるかという問いにもつながってくる。「家庭内生産」に費やされる時間は年々増え、有償の仕事に費やされる時間は年々減る傾向にある。子育てや料理は労働だが、同時に楽しい気持ちを与えてくれる。これを理由に、子育てや料理は経済活動に数えられる労働ではなく、余暇として扱うべきだと論じる人もいる。だがこれは詭弁だろう。給料をもらいながら仕事を楽しんでいる人だって大勢いるからだ。楽しいと感じる仕事はGDPの計算から除外すべきだろうか？　まさか、そんなわけがない。仕事の定義にまつわるこの問いは、政治の議論にも顔をのぞかせることがある。たとえば、イギリスの元弁護士で子育てのために専業主婦になったローラ・ペリンズは、ラジオ番組に出演して連立政権のニック・クレッグ副首相に批判を浴びせた。このとき政府は働く母親のために、託児所費用に対する税額控除を決定したところだった。「なぜ政府は、私のように家で自分の子供の世話をしている母親を冷遇するんでしょう。……GDPの数字を押し上げることが目的ではないかという気がするんです。もしも私がよその家の子供たちを世話する仕事についたら、GDPの数字が増えるわけですから。政府が気にするのはそこだけなんでしょうね」[28]。

これは本質的な問題である。私たちはGDPのかわりに、楽しみや喜びや暮らしの豊かさを測定すべきなのだろうか？　最近ホットになっている議論だ。金融危機の結果として、市場の利点、ひいては経済学全般の利点に対する疑問が広がった。多くの経済学者（その攻撃側に名を連ねている人は別として）は心外に思うだろうが、経済学こそがマーケットのあり方を擁護して金融業の暴走を許し、短期的利益がすべてという風潮をつくりだした元凶といわれているのだ。マイケル・サンデルは次のように述べる。「市場志向の考え方を特徴づける前提に疑問を投げかけなくてはならない。その前提とは、すべての財に通じる公約数があり、すべての財を単一の尺度や価値基準に過不足なく変換できるというものである」[29]。このようにして、経済成長よりも「幸福」を追求しようという動きが盛り上がってきた。

反GDPの動きの源流にあるのは、経済学者リチャード・イースタリンの有名な論文だ。彼は幸福にまつわる有名なパラドックスを発見した。ある時点でのデータを見ると、裕福な国のほうが貧しい国よりも国民の幸福度が高い（平均的には）。ところが、ひとつの国のデータを時系列で追ってみると、1人あたりGDPの増加は幸福度の上昇につながっていないというのだ。といっても、すでに一部の経済学者が指摘しているように、このパラドックスは統計データの性質によるものである。GDPはどこまでも増加できるようにつくられているが、幸福度（アンケート調査や日記分析による）のほうはどこかで頭打ちになる。この二つを比べるのは、いってみればGDPと平均寿命を比べるようなものだ。そこには強い関連があるけれど、GDPの増加に比例して寿命がどこまでも伸びるわけではない。(30)GDPが幸福度を高めないという主張が的外れであることは、不況に対する人々の反応を見ても明らかだろう。GDPがわずかでも下がると、人々はとても不幸な気持ちになるからだ。さらにいえば、労働者の生産性が上昇したおかげで、GDPが今まで以上に上がらなければ雇用を保てないという側面もある。もしも失業が増えれば、人々はやはり不幸になってしまう。

要するに幸福のパラドックスは、GDPと幸福度の統計的性格のちがいを見落とした結果なのだ。幸福度のほうは、自分の気持ちを3段階や10段階で答える形式のアンケートで測られる。だから何年たっても、アンケートの最高得点より高い数字になることはない。一方GDPのほうは、そのしくみからして際限なく増加することが可能だ。着実に毎年2―3パーセントずつ上がっていく線に対して、きわめて変化の少ない線を重ねたなら、その二つは無関係に見えることだろう。たとえ関連があったとしてもだ。最近の研究では、1人あたりGDPの増加と人々の幸福度とのあいだには、実際に強い相関があるという結果が出ている。

GDPの伸びが人々の暮らしや社会福祉のレベルを正しく反映しないという意見には、もっともな点もある（社会福祉という言葉を使っているが、社会保障のことではなくより広い意味での豊かさという意味であることに留意してほしい）。児童文学『ナルニア国ものがたり』に出てくる「白い魔女」は不思議なお菓子でエドマンドを誘惑するが、消費社会の誘惑もこのお菓子のようなものだ。ひと口食べたが最後、もっとほしくてたまらなくなる。消費社会は終わることのない不毛な競争だ。心理学の実験でも、人々が所得の金額より相対的な位置づけを気にしているという結果が出ている。人と比べて多いか少ないかを気にしているのだ。ソースティン・ヴェブレンはこのようなステータス競争を指して「誇示的消費」と名づけた。人は他人よりいいものを買いたがり、企業は他社に負けじと経営者報酬をつり上げる。ところが収入が増えたり普段より多く買い物をしたりしても、その満足はあっという間に消えてしまう。魔女の手に落ちたエドマンドのように、「もっともっと」と求めつづけるのだ。この現象には、どれだけ走りつづけても満足できないという意味で「快楽の回し車《ヘドニック・トレッドミル》」という名前がついている。

お金が依存症を引き起こすなら、それを脱する手助けが必要だと考える人も出てくる。経済学者のロバート・フランクやリチャード・レイヤードらは、高級品の購入に税金をかけるべきだと主張している。だがそれよりも人気のある意見は、GDPのかわりに幸福を測ろうというものだ。イギリスでは「幸福キャンペーン」が登場し、政府もそれに便乗して国家統計局に全国的な幸福度調査の実施を依頼した[31]。さらには「国民総幸福量」を増やすと宣言したブータン国王をたたえる声まで出てきている。ちなみにブータンは世界でもっとも貧しく、独裁的な国のひとつだ。

幸福を測ろうという動きは、データの面では2種類のアプローチに分かれている。ひとつはリチャード・イースタリンのように、マクロな経済データからその傾向を探ろうというもの。そしてもうひとつは、幸福度調査に対する人々の答えと、それぞれの人が置かれた状況とのあいだに統計的相関を見いだそうというものだ。結婚しているか、仕事はあるか、そして健康状態はどうか。結果は、まあ予想どおりだ。仕事があり、結婚していて、健康で、信仰があるほうが幸福度は高い。人々は上司とすごすより友人や家族とすごすほうを好む。そして通勤は苦痛だ。また幸福はライフサイクルと関連していることもわかった。一般に、中年の時期がもっとも幸福度は低くなるらしい（ただし「中年」の定義には幅があり、イギリスでは36歳あたりから中年になるし、ポルトガルでは66歳でもまだ中年とされる）[32]。女性は男性より幸福度が高いが、その差はここ数十年で縮まってきている。しかしこういうデータから、どれだけの政策のヒントが導きだせるかはあやしいところだ。もともと失業率が上がれば支持率が下がるのは周知の事実だし、幸福度が上がるからといって国民に結婚や宗教を押しつけるわけにもいかない。調査結果のなかでもっとも役立ちそうな発見を挙げるなら、それは精神的な不調が幸福度を下げる大きな要因であるにもかかわらず、心の健康に関する政策がどの国でも後回しになっているという事実だろう。

データ面での根拠の弱さにもかかわらず、幸福ブームはどんどん広まった。もう十分豊かなのに経済成長を追求するのは愚かだ、という考え方が人々の心をとらえたのだ。ただし忘れないでほしいのだが、そもそもGDPで測られるのは生活の豊かさではない。経済学者は以前から、そこを混同しないように自戒し、人々にもそう呼びかけてきた。たとえば景気循環と経済成長の研究で名高いモーゼス・アブラモヴィッツは、1959年にこう述べている。「福祉の長期的な向上率が国内生産の成長率によって大まかにでも測れるという見方にはきわめて懐疑的にならざるを得ない」。だがそうした忠告にもかかわらず、経済学者や政治家を見ていると、GDPと福祉をあまり区別していないという印象を受けることが多い。政治家が目指すべきは人々の生活をよくすることであって、GDPの数値を伸ばすことではないはずだ。「経済学者もそんなことは承知している」とウィリアム・ノードハウス、ジェームズ・トービンの両氏はいう。「しかし経済のパフォーマンスを表す指標として普段から国民総生産を使っているために、国民総生産を大々的に推進しているかのような印象を与えてしまうのだ[33]」。

第1章で見たように、GDPよりも福祉を測るべきではないかという議論はGDPの開発初期から存在し、今にいたるまで決着がついていない。1930年代に国民所得計算に取り組んでいたサイモン・クズネッツは、次のように述べている。

> 本当に価値のある国民所得計算とは、強欲な社会よりも先進的な社会思想の見地から見て益よりも害であるような要素を、合計の金額から差し引いたものであると思われる。軍事費や大部分の広告費、それに金融や投機に関する出費の大半は現在の金額から差し引かれるべきであり、また何よりも、我々の高度な経済に内在するというべき不便を解消するためのコストが差し引かれなくてはならない。都市文明特有の巨額の費用、たとえば地下鉄や高価な住宅などの価格は、通常は市場で生みだされた価値として扱われる。しかしそれらは実のところ、国を構成する人々の役に立つサービスではなく、都市生活を成り立たせるための必要悪としての出費でしかない（つまり生活のための出費ではなく、事業のための出費が大半なのである）。そうした要素を国民所得計算から除外することは困難を伴うけれども、それによって国民所得計算におけるサービス生産量の把握は確実に精度を増し、時代と国のちがいを超えて比較するに耐える尺度となるはずである[34]。

実際、生産量だけを測るGDPに対抗し、豊かさを測る指標をつくろうという動きはこれまでにいくつもあった。とくに途上国の経済を語るときによく使われるのは、第3章で論じた人間開発指数（HDI）だ。この指標を使うと、上位はアメリカではなく北欧の国々になる。またインドなど中所得国の一部は、貧困問題や健康状態の悪さが加味されるため、1人あたりGDPで測ったときより低いランクに落ちる。HDIが最初に登場したのは1990年だが、それ以来有用な福祉指標として経済学者の広い支持を得ている。

環境に配慮してGDPを見直そうという動きも多い。とくに問題とされるのは、環境に害を及ぼす要素がGDPに貢献しうるという点だ。たとえば環境汚染が起こって対策が必要になったとき、その出費はGDPを押し上げる。石油や天然ガスなどの採掘もそうだ。GDPは公害や資源の浪費による悪影響をまったく考慮しない。

こうした問題を考慮した指標としては、経済福祉指標（MEW）が有名だ。環境保護主義者ポール・エーリックの問題提起を受けて、1972年にウィリアム・ノードハウスとジェームズ・トービンがこの指標を提案した。彼らはGNP（GDPではない）に三つの修正を加えた。（1）すべての支出を消費と投資と中間支出に分類し、（2）余暇や家事労働、それに消費者による資本財への投資を考慮に入れ、（3）「都市化の不快な点」を反映するように補正した。[35] そうして計算した結果、戦後アメリカのMEWはGNPよりもゆるやかな上昇にとどまることがわかった。ただし彼らは、GNPは十分に使えるという結論にいたっている。「経済成長はもう古い？　我々はそうは思わない。GNPなど国民所得の数字は、たしかに福祉を測るには不完全だ。しかし大きな欠陥はいくつか修正するにせよ、現実的な進歩を俯瞰する役割はやはり必要である」。

環境保護に熱心な人たちは、この結論に満足しなかった。新たな指標をつくろうという動きはさらにつづいた。よく知られているものに、1989年にハーマン・デイリーとジョン・コッブが作成した「持続可能経済福祉指標（ISEW）」がある。この指標は90年代に入って「真の進歩指標（GPI）」へと進化した。どちらもGDP統計の消費支出をもとに、家庭内生産の一部を加算し、犯罪・環境汚染への対策費や資源発掘、防衛費などの数字を差し引いたものだ。これらの指標はアメリカやイギリスなどいくつかの国で取り入れられているが、その性質上、実質GDPの成長速度を超えることはまずない。ウェブサイトで自分なりのカスタマイズ版がつくれるようになっているが、私が試してみたところ、どのように加重してもGDP成長には追いつけそうもなかった。[36] 川の水質より犯罪が気になるというふうに、各自が自分好みの目標をつくれるのはたしかに便利で、選挙で誰に投票するかの参考にはなる。だが正式な統計データとして使うなら、各々の好みではなく誰にでも通じる指標にする必要があるだろう。

これらの指標のもうひとつの過ちは、既存のGDPから差し引いてばかりいることだ。家庭内生産を足すだけでなく、イノベーションの恩恵も計算に入れたほうがいい。もちろん計測はかなり難しい。抗生物質やエアコンやインターネットや携帯電話がどれだけ人々の暮らしを向上させたか、いったいどうやって評価すればいいのだろう？　GDPに質の向上を組み込むことの難しさは、すでに見てきたとおりだ。イノベーションや多様化を計測する試みについては第6章でふたたび取り上げるが、ここでは経済史家ブラッド・デロングの言葉を借りて「現代の経済成長は測定しきれないほどに速い」とだけいっておこう。[37]

ＧＤＰは直接に福祉を測る指標ではないが、ＧＤＰが上がれば実際に暮らしはよくなる。平均寿命や乳児死亡率など、幸福を左右する要素と大きな関連があることも事実だ。もう少し厳密に定義された修正を加えれば、ＧＤＰは今よりも福祉に大きく歩み寄ることだろう。経済学者のマーティン・ワイツマンは、国民純生産（ＮＮＰ）が国の資本ストックによって生みだされた産出量であることを示し、したがってその値が持続可能な消費量の最大値であると論じている。実際の消費がその値を超えているなら、社会は資本を食いつぶして分不相応なぜいたくをしているということだ。またＧＤＰの廃止より修正の立場をとるニコラス・オールトンも、別の修正をいくつか提案している。なかでも重要なのが、環境資本を計算に含めるやり方だ。「たとえばイギリスの国民経済計算では、鉱油の探索は総投資に含まれるのに、石油やガスが採掘されてストックが失われてもその減耗分が引かれることはない。したがってＮＮＰは水増しされている」とオールトンは述べる。[38] その一方で彼は、これも従来の国民経済計算に含まれていないが、イノベーションや生産性向上によって今ある資本（金融資本、物的資本、自然資本）から無理なく利用できる量が増えた事実も指摘している。この点については最近関心が高まっており、将来の経済統計が避けて通れない問題となっている。

そんななかで影響力を増しつつあるもうひとつのアプローチは、指標の「ダッシュボード」という考え方だ。フランスのニコラ・サルコジ前大統領は、いずれもノーベル賞経済学者のジョセフ・スティグリッツとアマルティア・センに依頼し、フランス人経済学者ジャン゠ポール・フィトゥシと協力して経済統計の徹底した評価をおこなわせた。彼らはこの章で紹介したような、ＧＤＰの代替案に関する議論をすべて綿密に検討した。その結果、各種の数値をひとつの指標に押し込めるより、社会福祉に確実に貢献すると思われる指標を一覧で表示するほうがいいという結論に達した。[39] すでにダッシュボードを取り入れている国もある。私が好きなのは、オーストラリア政府が毎年発表している「オーストラリア発展指標」だ。このダッシュボードに含まれる指標のラインナップは、国民の意見を聞いて決定されている。そのほかにもいろいろあるが、現時点でもっともよくできているのはＯＥＣＤの「よりよい暮らし指標（ＢＬＩ）」だろう（http://www.oecdbetterlifeindex.org）。所得やワークライフバランス、住宅、環境など、11の要素について各国の相対的なランクがビジュアル表示される。簡単にウェイトを調整できるので、何を重視するかによって各国のレベルがどう変わるかもひと目でわかる。ＢＬＩはマクロ経済政策に使える種類の指標ではないが、さまざまな要素のトレードオフをとてもわかりやすく見せてくれるツールだ。短期的な成長ばかりに偏った議論ではなく、持続可能性を考慮に入れた経済政策を考えるための大きな一歩となってくれるだろう。ただし残念ながら、ＧＤＰのかわりにダッシュボードを使って政策を論じる動きはまだ見えてこない。

第6章　新たな時代のGDP——未来

本書ではここまで、GDPの起源とその進化を追ってきた。経済パフォーマンスの指標としてメディアや経済政策の世界で日々活躍するGDPだが、経済の大きさをこのようなやり方で測るようになったのは比較的最近のことだ。それ以前の経済の見方は、今とはかなり異なるものだった。たとえば昔の「国民所得」の定義には政府支出が含まれなかった。19世紀後半から20世紀前半にかけての時代、政府の役割は今よりずっと限られていたからだ。戦争や司法のための出費は国の経済に貢献するどころか、国民所得を減らす必要悪だと思われていた。

現代のようなGDPが生まれた直接のきっかけは第二次世界大戦の戦費問題だったが、そもそも1930年代から政府のお金の使い方には変化が起こっていた。国民の代理として消費や投資を積極的に引き受け、税金を使ってサービスや所得移転、あるいは道路などのインフラ整備にどんどん手を出すようになったのだ。大恐慌の経験によって経済の成長スピードに対する政治的関心は当然高まっていたし、政府はぜひそれを測定して操作したいと考えていた。GDPおよび国民経済計算という形での統計データ収集は、マクロ経済政策の発展と切り離せないものだった。政府はこのデータをもとに、税金や政府支出、通貨供給量や金利を通じて、経済成長のコントロールを試みるようになったのだ。

GDPの算出とそれに伴う各種データの収集は、今より経済がシンプルだった時代でさえ、そう簡単にはいかなかった。国民経済計算が一握りの先進国以外に取り入れられるまでには何十年もかかったし、異なる年や国のあいだでGDPを比較する手法の作成・改良にも同様に長い時間がかかった。そうした手法のなかでも重要なのは、GDPの数字をインフレ率で調整し、実質GDPを求めるプロセスだ。全体的な物価水準を求めるのはただでさえ難しいのに、製品の質は日々改善され、しかも新たな製品やサービスがどんどん登場してくる。現在のノートパソコンは数年前の同じ価格の製品とはまったく別物だし、ほんの30年ほど前には一般向けのコンピュータ自体が存在しなかった。このような変化をひとつの価格指数で表すのは至難の業だ。そしてもうひとつ厄介なのが、異なる国の通貨を換算する作業である。国がちがえば経済のなりたちもちがうし、人々の消費傾向もちがう。経済パフォーマンスの国際比較はきわめて難しい問題であり（経済学者はそれでも数字を出さなくてはならないわけだが）、私たちが異なる国や時代の経済に対して抱いているイメージはまったく的外れということもありうる。

経済統計はそれ以外にも多くの課題に直面しており、専門家たちは指標を改善するための努力を何十年もつづけてきた。とりわけ環境への関心が高まり、また1人あたりGDPで見た場合の途上国の経済発展が伸び悩むなかで、GDPにかわる指標をつくろうという声が高まっている。GDPではなく福祉指標を政策目標にすべきだという、古くからの議論が再燃したわけだ。

経済危機もまた、ＧＤＰにかわる指標への関心を高めるきっかけになった。そもそもＧＤＰを生んだのは、大恐慌と第二次世界大戦だ。それまでの経済観と測定方法が、このとき大きく書き換えられた。だがやがて70年代半ばになると、経済危機と初期の環境保護運動の影響で、ＧＤＰとは別の指標をつくろうという声が生まれてきた（ただしそれが結実するにはさらに10年以上かかった）。そうした動きは最近の経済危機でふたたび盛り上がり、「幸福量」や福祉指標、ダッシュボードなどのアプローチが続々と登場した。いうまでもなく、金融業界の経済への貢献度を測定する手法にも大きな疑問が投げかけられている。

今回の危機は、ＧＤＰを卒業して「経済」の理解と測定方法を新たにするための転換点となるのだろうか？　この最終章で私は、ＧＤＰを今すぐ投げだすべきではないという結論を示そうと思う。ただし、ＧＤＰという指標が時代に合わなくなっているのも事実だ。ダラス連銀のレポートにもこう述べられている。「ＧＤＰは大量生産に合わせてつくられた統計である。そのやり方は単純に、数を数えるというもの。何個つくられたかがすべてであり、形のない価値は測れないのだ。……変化は人生のスパイスというように、何ごとも量がすべてではない[1]」。経済のあり方が変化している以上、それを測るやり方も変わらざるをえない。ただし「経済とは何か」に対する新たな答えを明示するのは、この小さな本には荷が重すぎる仕事かもしれない。そのかわり、この先にとるべき道のヒントとなる三つの問題について論じておきたいと思う。

その問題とは、次の三つだ。

・現代の経済の複雑さ。具体的にはイノベーション、次々と登場する新製品や新サービス、グローバリゼーション、それに世界にまたがる複雑な製造プロセスなど。
・サービスや「無形資産」が先進国経済で存在感を増している問題。形のない無償のオンライン活動などが勢いを増し、質と量を区別するのが難しくなったばかりか、量という概念さえ当てはまらなくなっている。
・持続可能性の切実な状況。環境や資源の保全にもっと注意を払わなければ、将来の経済成長が妨げられる恐れがある。

複雑化する経済

１９９８年のデータによると、アメリカのテレビチャンネルの数は１８５個、市販の鎮痛剤は１４１種類、ソフトドリンクのブランドは87種類にのぼっている。１９７０年には、テレビは5チャンネル、鎮痛剤も5種類、ソフトドリンクは20種類しか存在しなかった。ずいぶん増えたものだ。１９９８年までに朝食シリアルの種類は１６０種類から３４０種類へと増加し、市販の飲料水の数も16種類から50種類へと増加した。パソコンの種類はその28年間でゼロから４００種類になり、ウェブサイトの数もゼロから５００万近くにまで増えた。[2] 先進国のＧＤＰを構成する製品やサービスの多様化についてはすでに述べたが、こうして具体的な数字を見てみるとその劇的な変化にあらためて驚く。多様性を経済発展の主要な指標に数えてもいいかもしれない。貧しいということは、選択肢がほとんどないということだ。貧しさを抜けだせば、何より可能性が大きく広がる。この観点から見ると、経済発展とは利用可能な機会や選択肢が増えること、そしてそれを生かすための力やスキルが向上することであるといえる。つまり経済発展とは、自由が広がるということなのだ。そのひとつの側面として、製品やサービスの多様化がある。多様化はささいなものから重大なものまで、あらゆるところに現れている(3)。

ところが、商品の種類がどれだけあるかという統計データを見つけるのは意外なほど難しい。数少ないデータのひとつがダラス連銀の98年の年次報告書で、先ほどの数字もそこから引用している。なぜデータが見つけにくいかというと、単に統計調査がおこなわれていないからだ。国の調査が企業に尋ねるのは、生産量――靴の工場なら靴を何足つくったか――と価格の変化だけで、何種類つくっているかは調べない。だから国のデータに出てくるのは「靴」というような大まかなくくりだけだ。世の中には高機能のウォーキングシューズもあれば、衝撃を吸収するランニングシューズもある。動物性素材を使わない靴、歩くだけで太もものエクササイズになる靴、ゴージャスな赤いハイヒール、不格好だが履き心地のいいサンダル、ウェブサイトでデザインをカスタマイズできるスニーカー。そうした特徴の何ひとつとして、統計には現れてこない。

だが数えるまでもなく、私たちをとりまく製品やサービスの種類が増えていることは明らかだ。最近では自分でカスタマイズできるものも増えている。靴のデザインからデルのコンピュータまで、自分好みの商品が手に入るのだ。ひとつひとつが異なる、究極の多様化である。近い将来には、癌などの病気に対する薬も、個人の遺伝情報に応じてカスタマイズできるようになるらしい。商品の多様化を実証した研究は一部の商品について存在するし（本やシリアルなど）、それが人々の生活の豊かさに貢献するという結果も出ている。

それがGDPにどう関係しているのか？　たとえば食器のことを考えてみてほしい。ナイフとフォークとスプーンをつくったとしても、スプーンばかり三つつくったとしても、GDPでは同じ数字になる。便利だろうと不便だろうと、GDPはただ数を数えることしかしない。

GDPは世の中に存在する製品の多様化を捉えられないので、経済成長を過小評価している。イノベーションやカスタマイズをうまく評価できず、相当に大きな価値を見逃しているのだ。さらにもうひとつ、GDPが見逃しているのが、予防的な役割の財やサービスである。これも近年とくに重要度を増している分野だ。たとえば、自動運転の車を考えてみてほしい。GDPで見た場合、自動運転の車も普通の車も価値はさほど変わらない。ヘドニック指数で調整すれば、運転しなくてすむという便利さが多少は加味されるという程度だ。だがGDPは大きなメリットを見逃している。自動運転車の普及によって、自動車事故が大幅に減るというメリットだ（期待どおりに実現されるならば）。

前章で私は、GDPは豊かさを測る指標ではないが、両者には強い関連があると述べた。だが選択肢の多様化とカスタマイズの増加によって、GDPと豊かさとの隔たりは広がりつつある。「成長率や生産性はそれほど上がらないかもしれないが、マス・カスタマイゼーションはアメリカにいい結果をもたらすだろう。顧客のニーズを推測するのはリソースの無駄である。より多くの製品がカスタマイズされれば、体に合わない服がクローゼットを占領することもなく、気に入った1―2曲のためにCDアルバムを買う必要もない。売れない在庫が販売店の棚に眠ることもなくなる。少ない資源と労働力で高い生活水準を実現することによって、価格上昇圧力が減り、ここ10年間の低いインフレ率を維持することが可能になる」と、ダラス連銀の経済学者は１９９８年に述べている[4]。98年当時の人々が夢見た「マス・カスタマイゼーション（カスタマイズ製品の大量生産）」は、今や現実になりつつある。たとえばテレビ番組のオンデマンド配信によって、テレビ局のスケジュールに縛られることなく好きな番組が選べるようになった。洋服のオーダーメイドも一部の金持ち向けではなく、一般の人が気軽に利用できるものになってきている。

多様化だけでなく、サプライチェーンの複雑化も経済統計の悩みの種だ。今ではほとんどの製品が、世界各国にまたがるプロセスで製造されている。いくつもの国で部品がつくられ、それが遠い国まで運ばれて組み立てられ、さらにまた海を渡って販売される国へと運ばれていく。シャツのように単純な製品もそうだし、ｉＰｈｏｎｅのように高度な製品もそうだ[5]。こうした国際的プロセスの中心となる組み立て地は中国だが、その他のアジア諸国や南米のブラジル、メキシコも、着実にシェアを広げている。

ところが物価指数は、こうした国外へのアウトソーシングによる大幅な価格下落をうまく捉えられない。輸入品の価格はかなり過大評価されているし、輸入品の量は過小評価されている[6]。しかも貿易統計は中間財の金額を除外しないので、中国で組み立てたｉＰｈｏｎｅをアメリカに輸入した場合、その全額がアメリカの貿易収支にカウントされる。ある統計研究によると、「従来のやり方で貿易を記録した場合、実際の価値連鎖の分布が反映されず、二国間の貿易バランスについて誤ったイメージを与えてしまう。そのため米中間の貿易不均衡は大きく誇張されてきた」という[7]。最近では付加価値に着目した貿易統計も登場してきており、世界経済の構造に対するイメージは大きく変わるものと思われる。

生産性のパズル

経済学者に連想ゲームをやらせたら、「生産性」と聞いて「パズル」という言葉を連想することだろう。生産性の上昇が思うように進まないことを経済学では「生産性のパズル」と呼ぶ。「コンピュータ時代はいたるところに見られるが、生産性の統計だけは別だ」というロバート・ソローの有名な言葉もそのひとつだ。第5章で述べたように、90年代半ばから2001年までのニューエコノミーの時代には統計的にも生産性の上昇率が上がったものの、金融危機後にはふたたび低迷しはじめた。また最近のイギリスの状況も、一種の「生産性のパズル」と呼べるだろう。2008年以降、イギリスのGDP成長はゼロに近いというのに、雇用はなぜか増加しているのだ。これはその定義からいって、生産性がまったく向上していない（あるいは低下している）ことを意味している。[8]

なぜ生産性は不可解な動きをするのだろう？

これは現代のGDPが直面している二つめの大きな問題に関わっている。経済から形ある物質がどんどん減っている問題だ。[9] 工場から出荷される自動車や冷蔵庫や釘やレトルト食品は、数を数えられるので測定しやすい。だが数えられないものをどう測定すればいいのだろう。看護師、会計士、造園家、ミュージシャン、ソフトウェア開発者、医療アシスタント。そうした仕事のアウトプットを測定するには、何人のスタッフで何人の顧客にサービスを提供したか、というような数え方をするしかない。ところがそれでは、サービスの「質」という大事な側面を見逃してしまう。

そもそもアウトプット、すなわち生産量という概念は、サービスよりも大量生産の工業製品で成り立つ経済に適した考え方である。「生産性」という概念も同じだ。生産性という言葉は一般に「効率」というような意味でも使われるが、経済学の定義では、投入1単位あたりの生産物の量を意味している。投入とは労働、資本、土地、それに原料などの資源のことだ。ふつう経済学者が生産性というときには、労働生産性について話していることが多い。労働者1人あたりで考えるほうが、資本で考えるよりもずっと簡単だからだ。したがってこの定義によると、生産性とは労働者1人あたりの生産量、あるいは雇用されている国民1人あたり（より正確には1人の1時間の労働あたり）のＧＤＰということになる。

洗濯機や朝食シリアルなら、それでいい。だがアメリカやＥＵ諸国の経済の大部分は、形のないもので成り立っている。一般的なオフィスワーカーなら、生産性を測定するのがどれだけ難しいかはよく知っていることだろう。会社の収益から給料の値上げ分を差し引いて実質ベースの数字を出し、それを従業員の数で割ったところで、それが生産性を表せるわけではない（ＧＤＰはこのアプローチをとっている）。実際には、仕事の質を抜きにしてアウトプットは語れない。看護師の仕事を例にするなら、1日に多くの患者をこなした人と、数は少ないけれどじっくり接した人と、どちらの看護師がより生産的なのだろうか。その日の具体的な仕事内容によって、答えはちがってくるはずだ（単純な採血の仕事なのか、それとも重症の患者のケアなのか）。それに仕事の結果も確認しなくてはならない（患者の状態はよくなったか、満足度はどうか）。もうひとつの例として、従来の統計手法では、ミュージシャンの生産性がコンサートの数で測られてしまう。モーツァルトの協奏曲を2倍の速さで演奏して数をこなせば、そのほうが生産的になれるのだ。[10] 経済学者ウィリアム・ボーモルは、こうしたアートにおける生産性の問題にかなり早くから着目し、医療などのサービスにも同様の現象が当てはまると指摘している。

最近のクリエイティブなデジタル経済にも同じことがいえる。ＩＴ界の論客ケヴィン・ケリーの言葉を引用しよう。

ピカソがもっと短時間で絵を描けば金も儲かるし経済にもっと貢献できたのに、と考える人はいない。ピカソが生みだした価値は、生産性というフォーマットに適さないからだ。生産性という基準――1時間あたりの生産量――で測れる仕事はたいてい、自動化したほうがいい仕事である。要するに生産性とは、ロボットのためのものなのだ。人間が得意なのは、時間を無駄にすること。実験し、遊び、創造し、探求することだ。生産性の監視のもとではそういう仕事はやっていけない。科学やアートの資金集めが難しいのはそのためだ。だがそうした仕事も、長期的成長の大事な基盤なのである。[11]

生産性について冷静に考えることは簡単ではない。ケリーは人がやっている仕事をどんどんロボットにやらせればいいと考えているようだが、経済学者のなかには自動化の進展に眉をひそめる人もいる。ＭＩＴの経済学者エリク・ブリニョルフソンとアンドリュー・マカフィーが『機械との競争』を出版したあと、ポール・クルーグマンもこの論争に参入してきた。『ニューヨーク・タイムズ』紙のコラムで、クルーグマンはこう述べている。「彼らの挙げた例で衝撃的なのは、奪われる仕事の多くが高スキル・高賃金の仕事であるという点だ。テクノロジーのマイナス面は、単純作業以外にも及んでくるのである。しかし本当に、イノベーションと進歩は多数の労働者を、さらにいえば労働者全般を傷つけるのだろうか？　そんなことはありえない、という意見はよく耳にする。だが現実に、それは起こりうるのだ。まともな経済学者なら、2世紀も前からその可能性に気づいている」[12]。実際、こうした懸念が最初に出てきたのは産業革命のときだった。新たな織機や紡績工場の出現でもっとも大きなダメージを受けたのは、スキルの高い職人たちだ。仕事が奪われることを考えると、生産性の向上はあまりうれしくないことかもしれない。

だが現代のロボットやプログラムの出現は、19世紀の蒸気動力工場の出現と同じように、労働市場の混乱を招くだけでなく所得分配にも影響を与えるはずだ。ロボットは新たな種類の資本設備であり、その普及によって当初は資本の持ち主がうるおうことになる。けれどもやがて、各労働者が仕事で使える資本も増えてくる。たとえば自宅で手織り機を使うかわりに、機械化された織機でより多くの布を織れるということだ。こうした変化は、労働者の生産性を直接的に押し上げる。さらに労働者が十分なスキルを身につけ、社会が所得分配に必要なしくみをつくりあげることができれば、結果的に労働者の賃金も上昇するのだ。ロボットがどんなに賢くて高性能だとしても、機械化やロボット化という現象は別に新しくもなければ物珍しくもない。それは単なる現代版の設備投資であり、労働者はそれを使ってより多くのことを達成できるようになる。そうした生産的な投資は、ゆくゆくは長期的な経済成長を促し、人々の所得増加となって返ってくるだろう（ただし所得をどう分配するかは、社会と政治の問題だ）。そして長期的に見たとき、機械やロボットがさまざまな仕事を引き受け、人間が本当に人間らしい活動に専念できるのはいいことだと思う。大多数の人にとって、仕事は今よりずっとやりがいのあるものになるはずだ。

ただし「製品」が存在しない場合に、生産性の向上をどう捉えるか、そしてその利益をどう配分するかという問題は残っている。デジタル技術による生産性向上が所得の不平等を広げている現状を見ると、その実りはまだ広く行き渡っていないようだ。経済学の世界ではこれを受けて、デジタル機器やマシンに対する設備投資の増加が雇用や所得にどう影響するのか、所得分配はどう変化するのかという議論が紛糾しているところである。

それに関連して、完全にデジタルな製品やサービスの価値をどう扱うかという問題もある。たとえばインターネット上の音楽や検索エンジン、アプリケーション、クラウドソーシングによる辞書やソフトウェア。無料で提供されているものも多く、GDPの数字にうまく反映されない。エリク・ブリニョルフソンとアダム・ソーンダースは、ロバート・ソローの有名な言葉にかけてこう表現している。「情報化時代の影響はいたるところに見られるが、GDP統計だけは別だ」[13]。レコード業界の売上は数字の面では落ちているけれども、音楽の消費量は減るどころかほぼ確実に増えている。消費者が支払う金額よりもそれによって得る価値のほうが大きい場合の差額を「消費者余剰」と呼ぶが、インターネット上で無料の製品やサービスが広まった結果、この消費者余剰がどんどん増えているようだ[14]。このことからも、GDPの数字と人々の豊かさとのギャップが大きく広がっていることが見てとれる。

それどころか、GDP統計は経済の姿を歪曲しているといっていい。たとえばアメリカの経済分析局は、2011年第2四半期以降、アメリカ人のインターネット利用が実質ベースで減少していると発表している。馬鹿げた主張だ。MITのエリク・ブリニョルフソンは、国の統計における情報産業(ソフトウェア、テレビ、ラジオ、映画、通信、情報処理、出版)の対GDP比率が25年前とかわらず4パーセントにとどまっていることを指摘した。だが彼と共著者オ・ジュヒの試算によると、フェイスブックやウィキペディア、グーグルなどの無料オンラインサービスから消費者が受けとる利益は、年平均でおよそ3000億ドルのペースで10年間増えつづけている。(15) グーグルのチーフエコノミストをつとめるハル・ヴァリアンは、グーグルの無料検索が年間1500億ドル相当の利益をユーザーに提供していると主張する。グーグル内部の見積もりとはいえ、リアリティのある数字だ。また経済学者のマイケル・マンデルは、従来の財・サービスという区分に加えて、情報あるいは「データ」という区分が必要になっていると考える。彼の試算によると、「データ」を加えた場合の2012年の実質GDP成長率は、公式の数値より0・6パーセント増加するという。(16) 小さな数字に見えるかもしれないが、複利効果を考えれば、数年後の差はかなり大きなものになる。

国の統計機関も、情報やデジタルコンテンツの生産と消費について正しく測る方法をそろそろ考えはじめたほうがいい。それらが消費者に価値を提供していることは明白だからだ。GDPがお金のやりとりしか測れないせいで、現代の「フリー」のビジネスモデルや、無料で消費者に大きな価値を提供するような活動は統計にうまく表れてこない。もちろん無料で価値のある活動は昔から存在した。図書館もそうだし、自然のなかを散歩することもそうだ。だが今では、金銭を伴わない活動がビジネスと密接に結びつき、ＧＤＰの定義を囲い込む「生産の境界」をどこまでも不鮮明にしているのである。

持続可能性

ＧＤＰ関連で盛り上がっている三つめの問題（厄介さでは前の二つに劣らない）は、財やサービスの生産量増加を数字で示すときに、現在の成長が未来の成長を犠牲にしているかどうかという点が考慮されていないことだ。たしかにＧＤＰ統計には、資産価値の下落分（資本減耗）が計上されている。だが明日の消費分を今日食いつぶしてしまう現象を測定するのに、この指標ではあまりにも限定的すぎる。

こうした計算が見逃している点のひとつは、成長のためには今あるものの減耗分を埋め合わせる以上の物的資本（機械や輸送機器、建物など）が必要になるということだ。１人あたりの消費量を維持しようと思えば、人口増加に見合うペースで投資を増やしていく必要がある。結局問題になるのはＧＤＰの総量よりも、すべての人をまかなえるかという点なのだ。この問題は経済学用語で「資本拡大」と呼ばれている。さらにイノベーションや技術の進歩を考慮するなら、持続的なイノベーションを可能にするために、新たな種類の資本に対する最低限の投資額を把握する必要も出てくるはずだ。ウィリアム・ノードハウスとジェームズ・トービンはこう述べる。「この［資本拡大という］考え方は、成長が単に人口と労働力の増加を意味するかぎり、きわめて明白だ。だがこれを技術革新をともなう経済に当てはめると、話はややこしくなる。国民所得という概念自体もあやしくなってくるほどだ。資本は労働力の拡大だけでなく、生産量やテクノロジーの進歩に追いつくペースで拡大されるべきなのだろうか？」[17]。技術革新に大きく依存する社会は、いまやこの問題を避けて通れなくなりつつある。

最新版の国民経済計算体系（SNA2008）には、この問題への対応もいくらか盛り込まれている。たとえば研究開発費を経費ではなく投資に計上するほか、ハリウッド映画や音楽などの「芸術作品の原本 artistic originals」に対する投資もGDPに計上されることになる。この変更をいち早く本格的に採用しようとしているのはアメリカだ。予備的に変更後の統計手法を取り入れたところ、2007年のアメリカのGDPは一度に2パーセントも跳ね上がった。さらに2013年半ばに発表された数値では、3・4パーセントとさらに大きな伸びを見せている。SNA2008のハンドブックは、次のように説明する。「これらの資産の多くは一般に「ニューエコノミー」の特質と考えられており、何らかの形の知識に関する所有権の確立と結びついている」。

しかしながら、こうした資産への投資をどう扱うかというのは、持続可能性の問題の一側面にすぎない。持続可能性という言葉は多くの場合、毎年の経済成長によって天然資源が減ったり、環境が破壊されたりする問題に関して使われる。とくに現在の国民経済計算で改善が必要なのは、新たな資産への投資と既存の資産の減耗とのバランスを考慮していない点だ。これを計算に入れないと、現在の経済成長率はわかっても、この先成長しつづけられるかどうかがわからない。先に紹介したワイツマン／オールトン・アプローチは、既存の統計データを前提としたシンプルなアプローチだった。より徹底したアプローチとしては、少々難易度は高いのだが、「包括的な富」という新たな指標の導入が提案されている。これは国のすべての資産とその年々の変化を計測するというもので、自然資本のウェイトが高くなることから、持続可能性の指標として一層ふさわしいものになると考えられている(18)。

統計家が環境の測定に無関心なわけではない。二酸化炭素排出量や水質問題から鉱物資源の採取量まで、その関心の幅は広がってきている。２０１２年には、国連統計委員会がＳＮＡと並ぶ新たな国際的統計基準「環境・経済統合勘定体系（ＳＥＥＡ）」を採用した。一部の国ではすでに数年前から「サテライト勘定」という形で環境に関する統計を発表しているが、経済政策の議論に直接の影響をおよぼしている様子はないようだ。政治家が経済成長の数字に注目しているかぎり（それは今後も変わらないと思うが）、「サテライト（付随する）」などという補助的な位置づけの統計を出したところで、あまり現実的な影響は期待できないだろう。

各国の統計機関は環境の統計に力を入れてきており、興味があれば情報は入手できるのだが、わざわざそんな統計データを調べるほどの関心とスキルを持った人は多くない。経済成長の環境に対する影響や、現在の成長が未来の成長に課しているコストの問題を本気で政策決定に取り入れるつもりなら、やはり自然資本の減耗を（機械や道路の場合と同じように）ＧＤＰに組み込む必要があるだろう。

持続可能性とは、後の世代の人々のために、少なくとも私たちと同じ程度にはいい暮らしができるだけのものを残すということだ。現在の経済成長が持続可能かどうかを知るためには、いくつか異なる種類の資産を考慮に入れなくてはならない。ひとつは物的資産、つまりインフラなどを含む物理的な資産。ＧＤＰで「投資」といえばこれを指しているし、資本拡大の問題もこうした「物」について論じられてきた。二つめの資産は「自然資産」で、ここには油田などの明確な資産のほかに、きれいな空気や安定した気候などの見えにくい資産も含まれる。

三つめのタイプは「人的資本」、あるいは開発経済学の言葉で「潜在能力《ケイパビリティ》」と呼ばれるものだ。これは、利用可能な資産を活用するための能力がどれだけあるかということを指す。具体的には教育やスキルの水準、それに創造力やイノベーションの能力などだ。また、これに関連して「社会資本」という種類の資産もある。これは定義しづらい概念だが、政治などさまざまな制度を通じ、人々がどれだけ協調して経済に貢献できるかを把握しようというものである。「文化」などの概念と重なる部分もある。定義が明確でなく、そのため計測も難しいのだが、これが経済成長に影響することは明白だ。一例を挙げるなら、旧植民地の国を比較したとき、イギリスの法的枠組みを受け継いでいる国のほうがフランスの法的枠組みを受け継いでいる国よりも経済成長のスピードが速く、1人あたりの収入も高い。法律は社会的資本を構成する一要素だと考えていいだろう。現状のＧＤＰ統計では、こうした社会的資本や人的資本への投資が把握できない。一部の「投入要素」への支出は算入されることになっているが、教育など狭い分野に限られた話だ。そもそも定義しづらい概念を統計に含めるのが難しいのはわかるが、しかしこのまま見過ごすわけにはいかない。人的資本・社会的資本への投資のために今年のＧＤＰを多少減らす、というような選択を積極的にとれるようにすべきだ。

こうした問題に対し、一部の国では（まだ少数の国にすぎないが）「世代会計」というやり方を取り入れている。世代会計とは人口の年齢別構成をもとに、現在の支出政策が将来どれだけのコストになるかを算出し、十分な税収が可能かどうかを把握する手法だ。また世界銀行は、自然資産、「人的資本」（人々のスキルや能力レベル）、物的インフラをすべて含めた「包括的な富」指標の作成に取り組んでいる。その他のアプローチとしては第5章でふれたように、マーティン・ワイツマンの国民純生産（Ｎ

NP）がある。これはGDPその他の統計から導きだされたもので、国の持続可能な消費量の最大値を示している。[19] ただしこの数字には、自然資本に対する投資やその減耗分が含まれていない。たとえばイギリスの国民経済計算では、鉱油の探索は総投資に含まれるのに、石油やガスが採掘されてストックが失われてもその減耗分が引かれることはない。したがってNNPは実際より水増しされていることになる。だがこの点については、自然資本を考慮に入れるような修正が可能だろう。[20]

おわりに——21世紀の国民経済計算とは

経済の議論には、いつも決まってGDPが持ちだされる。とてもなじみのある言葉なので、みんなその意味をよく考えてみようともしない。統計上の困難や課題はすべて覆い隠されている。GDPは、経済の様子を知るための便利なショートカットなのだ。

経済成長がきわめて重要なのは、すでに説明したとおりだ。経済成長は私たちの暮らしがよくなるための、唯一とはいわないが主要な要素である。だから政治的にも大きな意味を持ってくる。経済成長がなければ、雇用を増やして失業率を許容範囲内に保つことは不可能だ。経済全体のパイが大きくならなければ、所得を十分に分配することもできない。経済の成長が止まれば、民主主義すら危うくなってくる。[21] そして今のところ、GDP以外に経済成長を測る方法はない。

もちろん、GDPには欠点もある。この本の後半部分ではそうした欠点について説明し、それを補完する手段や代替となるやり方を紹介してきた。たとえば、より広い経済指標としての人間開発指標や、指標のダッシュボードというアプローチ。また定期的な時間利用調査で家事労働やインフォーマル経済を測定したり、石油やガスなど主要な天然資源の減少を統計に含めるなどの提案もなされている。

改善すべき点はあるけれども、GDPは「経済」における生産量の成長スピードを把握するのに役立つし、その成長は社会福祉の向上とも密接に関連している。たしかにGDPは、イノベーションや品質や無形のものについて測るのが苦手だ。それでも今のところ、GDPよりうまく経済を測れる指標はほかにない。生産ではなく福祉を測る指標はいくつかあるが、その二つは別物であり、混同すべきではない。最近では国の統計機関の予算が削減され、国民経済計算の品質を確保するのが難しくなってきたという嘆きも聞こえてくる。「幸福」指標というような流行りの分野にリソースが奪われているからだ。GDPとその関連指標の算出に使える労力がこれ以上削られることになれば、経済学者たちも黙ってはいないだろう。

幸福度についてアンケートをとるのも結構だが、それより先にやるべきことがあるはずだ。国連はまず、GDPの仕様からFISIMという金融サービスの無理やりな計測方法を取り除き、もっとシンプルなアプローチに戻してはどうだろう。

また国の統計機関は人々の時間利用調査を定期的に実施し、経済のインフォーマルな部分をもっと把握したほうがいい。

わざわざ「幸福」指標や持続可能経済福祉指標（ISEW）、真の進歩指標などの目新しい指標をつくる必要はない（やがて「幸福」や「豊かさ」を測るアプローチがもっと洗練されれば、政策の役に立つようになるかもしれないが）。有用な福祉指標はすでに存在するし、GDPの代替に使える要素も出そろっている。たとえばHDIは、すでに十分な理解を得ている指標だ。一方のISEWは、各要素の重みづけが恣意的であり、誰もが納得できる指標ではない。

ただし持続可能性については、早急に正式な指標を用意しなくてはならないだろう。今のところ、現在の経済政策が未来の暮らしを犠牲にしているかどうかを知る手だては何もない。企業と国家を比較するのは正確なやり方とはいえないが、しかし企業が損益計算だけでなく貸借対照表を作成して財政状態を把握するのと同じように、国も資産の状態をつねに把握しておく必要がある。たしかに国は個人や企業とちがって、みずからの資産の量や価値をある程度コントロールすることが可能だ。といっても、その効力は限られている。国は天然資源の利用や二酸化炭素排出量に気を配り、あるいは将来の納税者が背負う年金や健康保険の負担が大きくなりすぎないよう注意することによって、将来の人々が少なくとも現在と同じ程度にはいい生活ができるように保証しなくてはならない[22]。

統計データの収集方法を刷新することも必要だ。第1章で述べたように、国民経済計算をはじめとする国の経済統計は多様な情報源からデータを得ているが、その基礎となっているのは人々や企業に対する調査である。企業にアンケートを送付したり調査員が店に行って価格を調べたりする従来のやり方では、経済の構造的変化についていくことはまず不可能だ。たとえば消費者が郊外型の大規模な量販店やオンラインショッピングに移行したのに、昔と同じ小売店の価格を調べていたのでは価格の低下が把握できない。またITスタートアップや携帯通信など新たな種類の企業が出現したときに、従来の業種だけを調べていたのでは雇用や投資のレベルを見誤ってしまう。

これからはデータ収集にも、新たな技術を取り入れるべきだろう。とくに途上国では、携帯電話の活用によって経済統計の正確さが格段に増す可能性がある。災害時の情報収集や社会事業やニュースメディアにおいてユーザー発信のコンテンツが存在感を増しているように、やがては統計においてもユーザー発信のデータがタイムリーで正確な情報を与えてくれるようになるかもしれない。だがそうした試みはまだ少なく、健康状態などのわずかな実例がある程度だ。先進国の経済統計に関わる人たちは、オンラインやモバイルを活用したデータ収集にもっと意欲を示してほしい。最低でもコストの削減にはなるし、おそらくは今のやり方よりダイナミックで的確な経済活動の姿が浮かび上がってくるはずだ。

こうした改革は興味深いが、一方でもっと根本的な疑問も残っている。経済のあり方が変わった結果、ＧＤＰはもう限界を迎えているのだろうか？　国民経済計算の仕様はどんどん複雑になり、統計にかかる予算もふくらみすぎている（もちろん数字を偽装していたギリシャや、必要なデータすら収集していないアフリカの一部の国はそうでもないけれど）。各国の数十年にわたるＧＤＰデータは経済理論や経済政策の基盤としてあまりに広く使われているため、私たちはＧＤＰという実体がどこかに存在し、必要なのは測定の精度を上げることだというような錯覚に陥っている。だが測定の対象がただの概念にすぎない以上、正確な測定などというものは本来ありえない。もともと自然界に存在するものを発見して測定するのとはわけがちがうのだ。

アメリカ商務省はＧＤＰのことを「20世紀でもっとも偉大な発明のひとつ」と評したが、それは間違っていない。ＧＤＰに匹敵するような指標はどこにも存在しないからだ。だがこれ以上ややこしい定義や手法を掘り下げるかわりに、21世紀の「経済」とは何かということを、経済や統計の専門家はより深く考えてみたほうがいい。

ここ数十年で、経済が着実に成長するとともに、経済の構造と性質も大きく変わってきた。セン、スティグリッツ、フィトゥシという大物たちで結成された「GDPを超える」指標の調査委員会は、「GDPは主に市場生産を測定する」と述べている。だが事実は逆だ。GDPが市場生産の範囲を規定し、国の統計機関はその定義にしたがって統計を作成しているのだから。ただし「経済」の不変の定義が存在するわけではないし、環境や家事労働がそれに付随する「サテライト」として存在しているわけでもない。経済という概念はつねに揺れ動いていて、その定義は変わりうる、というか見直されるべきものなのだ。そのなかでGDPに相当の変更が加えられることもあるだろうし、新たな経済観に適した指標（そしておそらくは指標のダッシュボード）に置き換えられることもあるだろう。

なぜ「経済」はどこかの時点で大きく見直されなくてはならないのか？　その理由はすでにいくつか述べたが、何より大きな理由は、経済が物質的なものから形のないものへと変化しているからだ。質の向上と選択肢の増加を考慮しつつGDPの数字を「量」と「価格」の要素に分解するのは、ただでさえ厄介な試みだった。質と多様化がサービスや製品の中心的な要素になった現在、そうした試みはもはや意味をなさないともいえる。またこうした経済の変化に関連して、市場における有償労働とそれ以外の無償労働との線引きもどんどんあいまいになっている。ボランティアで価値を創造する人が増えているからだ（たとえばウィキペディアやリナックス）。遊びと仕事の時間も明確には分けられないし（友人と遊んでいるときにいいアイデアを思いつくなど）、両方を兼ねた活動もある（造園家が自宅の庭で新たなデザインを試してみるなど)。そのうえ金融危機の影響で、経済の価値を見直す必要性はいやがうえにも高まっている。この最終章で私はいくつかの重要なテーマを指摘したが、もちろんそれだけで現代の「経済」のあらゆる問題が語り尽くせたわけではない。

一方、とくに意識しておいてほしいのは、ＧＤＰと豊かさが別物であるということだ。経済の変化によって、ＧＤＰと人々の豊かさとの隔たりは以前よりも大きくなった。商品の多様化とカスタマイズはますます進み、クリエイティブな職業では仕事と遊びの境界線が薄れてきている。こうした変化が意味するのは、ＧＤＰが人々の豊かさを十分に捉えられなくなりつつあるということだ。一般にはＧＤＰが生活水準を過大評価しているという印象があるかもしれないが、実際はその逆のように思われる。

今のところ、私たちは統計の霧のなかで手探りしている状態だ。将来の資源を食いつぶす持続不可能な成長というネガティブな側面についても、イノベーションや創造性というポジティブな側面についても、どちらも情報が足りていない。そしてＧＤＰは、数々の欠陥はあれど、その霧を通して射し込む明るい光でありつづけている。

謝辞

まずプリンストン大学出版局のピーター・ドーアティに感謝したい。彼は２０１１年にシンクタンク「ポリシー・エクスチェンジ」でおこなった私の講演を聞き、本にすることを提案してくれた。そして本書の草稿を読み、意見やヒントをくださった以下の方々に感謝したい。サイモン・ブリスコー、ウェンディ・カーリン、ブレット・クリストファーズ、トニー・クレイトン、ボブ・ハーン、アンドリュー・ホールデン、ジョナサン・ハスケル、ハロルド・ジェームズ、アンドリュー・ケリー、スティーブン・キング、ロブ・メトカーフ、ピーター・シンクレア、パオラ・スバッチ、ロメッシュ・ヴァイティリンガム。また２０１３年２月のイースト・アングリア大学での講義に参加してくれた学生のみなさんや意見をくださった教授のみなさんと、２０１２年６月にレガタム研究所のディスカッションに参加していた方々に感謝を捧げる。

いつも力になってくれるエージェントのサラ・メンギュチ、我慢強い家族のローリーとアダムとルーファス、そしてＧＤＰには貢献しないが日々を豊かにしてくれる愛犬キャベツに心からの感謝を。

索引

【た行】

【な行】

【は行】

ベンフォードの法則 9
包括的な富 139, 141
ボスキン委員会 42, 93
ボス，フリッツ Bos, Frits 54
ボーモル，ウィリアム Baumol, William 134
ポルトガル 78, 119

【ま行】

マカフィー，アンドリュー McAfee, Andrew 134
マクミラン，ハロルド Macmillan, Harold 53
マーシャル・プラン 25, 49, 54, 64
マーシャル，アルフレッド Marshall, Alfred 17, 18
マーシャル，ジョージ Marshall, George 24
マディソン，アンガス Maddison, Angus 18, 41, 84, 85, 101
マンデル，マイケル Mandel, Michael 137
ミード，ジェームズ Meade, James 24
ミトラ＝カーン，ベンジャミン Mitra-Kahn, Benjamin 16
メキシコ 95, 131
毛沢東 63, 72

【や行】

ヤーノシー，フェレンツ Janossy, Ferenc 50
要素費用 36

【ら行】

ランデス，デヴィッド Landes, David 69
ルクセンブルク 32
ルーズヴェルト，フランクリン・デラノ Roosevelt, Franklin Delano 19
冷戦 53, 63, 66, 67, 72
レイヤード，リチャード Layard, Richard 118
レオンチェフ，ワシリー Leontief, Wassily 35
レーガン，ロナルド Reagan, Ronald 72, 74, 82
連鎖方式物価指数 40, 41
連邦準備制度理事会 88, 93, 99, 100, 107
ロシア 99
ローゼンシュタイン＝ロダン，ポール Rosenstein-Rodan, Paul 62
ロビンソン，オースティン Robinson, Austin 24

【わ行】

ワイツマン／オールトン・アプローチ 123
ワイツマン，マーティン Weitzman, Martin 123, 139, 141

原 注

イントロダクション

1. "Greece's Statistics Chief Faces Criminal Probe," *Financial Times*, 27 November 2011; "Greek Statistics Chief Faces Charges over Claims of Inflated 2009 Deficit Figure," *Ekathimerini.com*, 22 January 2013, http://www.ekathimerini.com/4dcgi/_w_articles_wsite1_1_22/01/2013_479717; "Numbers Game Turns Nasty for Greek Stats Chief," *Reuters*, 14 March 2013, http://uk.reuters.com/article/2013/03/14/uk-greece-stats-insight-idUKBRE92D0AW20130314. 2015年7月13日アクセス。

2. "Report on Greek Government Debt and Deficit Statistics," European Commission, January 2010. 2008年までに、ギリシャは世界第5位の武器輸入国となっていた。

3. 以下参照。Tim Harford, "Look Out for Number 1," http://timharford.com/2011/09/look-out-for-no-1/; Andrew McCullogh, "Beware of Greeks Bearing Stats," *Significance*, http://www.significancemagazine.org/details/webexclusive/1406899/Beware-of-Greeks-bearing-stats-Debt-statistics-and-Benfords-Law.html; and "The Curious Case of Benford's Law," *WolframAlpha Blog*, 13 December 2010, http://blog.wolframalpha.com/2010/12/13/the-curious-case-of-benfords-law/. ベンフォードの法則は経済関連のデータだけでなく、多様なジャンルの様々な桁数のデータに当てはまる。ギリシャだけでなくベルギーのデータもこの法則から外れており、イタリア、ポルトガル、スペインのデータはこの法則を満たしている。

4. J. Steven Landefeld, "GDP: One of the Great Inventions of the 20th Century," in Bureau of Economic Analysis, *Survey of Current Business*, January 2000, http://www.bea.gov/scb/account_articles/general/0100od/maintext.htm.

第1章

1. Frits Bos, "Uses of National Accounts: History, International Standardization and Applications in the Netherlands," MPRA Paper no. 9387, 30 June 2008, http://mpra.ub.uni-muenchen.de/9387/. 2015年7月13日アクセス。

2. Benjamin H. Mitra-Kahn, "Redefining the Economy: How the 'Economy' Was Invented, 1620" (Ph.D. dissertation, City University London, 2011), http://openaccess.city.ac.uk/1276/. 2015年7月13日アクセス。

3. Adam Smith, *The Wealth of Nations* (first published 1776), book II, chap. 3〔邦訳　スミス『国富論』山岡洋一訳、日本経済新聞社出版局、2007年〕。

4. Geoff Tily, "John Maynard Keynes and the Development of National Accounts in Britain, 1895–1941," *Review of Income and Wealth* 55, no. 2 (2009): 331–359.

5. Angus Maddison, *The World Economy: Historical Statistics* (Paris: Organization for Economic Cooperation and Development, 2003), preface.

6. アメリカはパールハーバー襲撃後の1941年12月に参戦。

7. 以下参照。Robert William Fogel, Enid M. Fogel, Mark Guglielmo, and Nathaniel Grotte,

Political Arithmetic: Simon Kuznets and the Empirical Tradition in Economics (Chicago: University of Chicago Press, 2013).

8. Jim Lacey, *Keep from All Thoughtful Men: How US Economists Won World War II* (Annapolis: Naval Institute Press, 2011), 43.

9. 以下で言及。Mitra-Kahn, "Redefining the Economy."

10. Richard Stone, *The Role of Measurement in Economics* (Cambridge: Cambridge University Press, 1951), 43.

11. Carol S. Carson, "The History of the United States National Income and Product Accounts: The Development of an Analytical Tool," *Review of Income and Wealth* 21 (1975): 153–181.

12. Lacey, *Keep from All Thoughtful Men*, 47.

13. Richard Kane, "Measures and Motivations: U.S. National Income and Product Estimates during the Great Depression and World War II," Munich Working Paper, February 2012, http://mpra.ub.uni-muenchen.de/44336/. 2015 年 7 月 13 日アクセス。

14. J. M. Keynes, *How to Pay for the War* (first pub. 1940), reprinted in *Essays in Persuasion* (Basingstoke: Macmillan for the Royal Economic Society, 1989)〔邦訳　ケインズ「戦費調達論」。『説得論集』宮崎義一訳、東洋経済新報社、1981 年所収〕。

15. 以下で引用。J. Steven Landefeld, "GDP: One of the Great Inventions of the 20th Century," in Bureau of Economic Analysis, Survey of Current Business, January 2000, http://www.bea.gov/scb/account_articles/general/0100od/maintext.htm.

16. http://www.oecd.org/general/themarshallplanspeechatharvard university5june1947.htm。閲覧不可。

17. 1952 年当時のお金で 230 億ドル。以下も参照。Stephen Lewarne and David Snelbecker, "Economic Governance in War Torn Economies: Lessons Learned from the Marshall Plan to the Reconstruction of Iraq," USAID report, December 2004, http://www.oecd.org/derec/unitedstates/36144028.pdf. 2015 年 7 月 13 日アクセス。

18. 現在は Global Insight (http://www.ihs.com/products/global-insight/index.aspx?pu=1&rd=globalinsight_com) の一部。私は 1980 年代に DRI のロンドン支社で経済予測の仕事に就いていた。

19. Olivier Blanchard and Daniel Leigh, "Growth Forecast Errors and Fiscal Multipliers," IMF Working Paper 13/1, January 2013, http://www.imf.org/external/pubs/ft/wp/2013/wp1301.pdf. 2015 年 7 月 13 日アクセス。以下も参照。G. Corsetti et al., "What Determines Government Spending Multipliers," IMF Working Paper, 2012, http://www.imf.org/external/pubs/ft/wp/2012/wp12150.pdf. 2015 年 7 月 13 日アクセス。

20. Stone, *The Role of Measurement in Economics*, 9.

21. François Lequiller and Derek Blades, *Understanding National Accounts* (Paris: Organization for Economic Cooperation and Development, 2006).

22. 以下にわかりやすい解説がある。J. Steven Landefeld, Eugene P. Seskin, and Barbara M. Fraumeni, "Taking the Pulse of the Economy: Measuring GDP," *Journal of Economic Perspectives* 22, no. 2 (2008): 193–216; Carlos M. Gutierrez et al., "Measuring the Economy: A

Primer on GDP and the National Income and Product Accounts," Bureau of Economic Analysis, U.S. Department of Commerce, September 2007, http://www.bea.gov/national/pdf/nipa_primer.pdf; and Lequiller and Blades, *Understanding National Accounts*.

23. Landefeld et al., "Taking the Pulse of the Economy."

24. Wikipedia に公式の一覧が掲載されている。http://en.wikipedia.org/wiki/List_of_price_index_formulas.

25. Xan Rice, "Nigeria Statistics Chief Has Almost Figured Out the Economy," *Financial Times*, 22 May 2013.

26. http://paris21.org/nsds-status. 閲覧不可。

27. Alwyn Young, "The African Growth Miracle," LSE Working Paper, 2009, http://eprints.lse.ac.uk/33928/.

28. http://www.huffingtonpost.com/marcelo-giugale/fix-africas-statistics_b_2324936.html, 18 December 2012. 2015 年 7 月 13 日アクセス。以下も参照。Morten Jerven, "Poor Numbers! What Do We Know about Income and Growth in Sub-Saharan Africa?" School for International Studies, Simon Fraser University, http://www.cgdev.org/doc/17-NOV-CGD-Poor%20Numbers-Jerven.pdf.

29. Young, "The African Growth Miracle."

30. Maddison, *The World Economy*, 79.

31. "Toward a More Accurate Measure of the Cost of Living," 4 December 1996, http://www.ssa.gov/history/reports/boskinrpt.html. 2015 年 7 月 13 日アクセス。以下も参照。Robert J. Gordon, "The Boskin Commission Report and Its Aftermath," http://faculty-web.at.northwestern.edu/economics/gordon/346.html. 2015 年 7 月 13 日アクセス。

32. 以下で言及。The Guardian, 3 December 2006, http://www.guardian.co.uk/business/2006/dec/03/past.interviews. 2015 年 7 月 13 日アクセス。

33. Lequiller and Blades, *Understanding National Accounts*, 98.

第 2 章

1. J. M. Keynes, *Economic Consequences of the Peace* (New York: Harcourt, Brace and Howe, 1920), chapter 6〔邦訳　ケインズ『平和の経済的帰結』早坂忠訳、東洋経済新報社、1977 年〕。

2. ここに示した成長率の数値はすべて以下の文献による。Angus Maddison, *The World Economy: A Millennial Perspective* (Paris: Organization for Economic Cooperation and Development, 2000)〔邦訳　マディソン『経済統計で見る世界経済 2000 年史』金森久雄訳、柏書房、2004 年〕。

3. F. Janossy, *The End of the Economic Miracle* (White Plains, NY: International Arts and Sciences Press, 1969).

4. Francis Spufford, *Red Plenty* (London: Faber, 2010).

5. Frits Bos "Uses of National Accounts: History, International Standardization and Applications in the Netherlands," MPRA Paper no. 9387, 30 June 2008, http://mpra.ub.uni-muenchen.de/9387/, 29. 2015 年 7 月 13 日アクセス。

6. Nicholas Oulton, "The Wealth and Poverty of Nations: True PPPs for 141 Countries," Centre for Economic Performance, London School of Economics, March 2010.

7. Robert H. Wade, "Is Globalization Reducing Poverty and Inequality?" *World Development* 32, no. 4 (2004): 567–589.

8. 同上。

9. Surjut Bhalla, "World Bank–Peddling Poverty," *Business Standard*, 22 December 2007, http://www.business-standard.com/article/opinion/surjit-s-bhalla-world-bank-peddling-poverty-107122201086_1.html. 2015 年 7 月 13 日アクセス。

10. Oulton, "The Wealth and Poverty of Nations."

第 3 章

1. 西欧およびアメリカの 1 人あたり実質 GDP を 1990 年のドルに換算。出典は以下。Angus Maddison, *The World Economy: A Millennial Perspective* (Paris: Organization for Economic Cooperation and Development, 2000)〔邦訳　マディソン『経済統計で見る世界経済 2000 年史』金森久雄訳、柏書房、2004 年〕。

2. "A Woman Complains," Business Week, 3 October 1942, http://invention.smithsonian.org/centerpieces/whole_cloth/u7sf/u7images/act4/complains.html. 閲覧不可。

3. Siddhartha Mukherjee, *The Emperor of All Maladies* (London: Fourth Estate, 2011), 21–22〔邦訳　ムカージー『病の「皇帝」がんに挑む』田中文訳、早川書房、2013 年〕。

4. David Landes, *The Wealth and Poverty of Nations* (New York: W. W. Norton, 1998)〔邦訳　ランデス『「強国」論』竹中平蔵訳、三笠書房、2000 年〕。

5. A. W. Phillips, "The Relationship between Unemployment and the Rate of Change of Money Wages in the United Kingdom 1861–1957," *Economica* 25, no. 100 (1958): 283–299.

6.「インフレ率を加速させない失業率（NAIRU）」と呼ばれる。マクロ経済学の各種テキストを参照のこと。一例として Wendy Carlin and David Soskice, *Macroeconomics: Imperfections, Institutions and Policies* (Oxford: Oxford University Press, 2005).

7. International Monetary Fund, World Bank, Organization for Economic Cooperation and Development, and the European Bank for Reconstruction and Development, *A Study of the Soviet Economy* (Paris: Organization for Economic Cooperation and Development, 1991).

8. J. A. Piazza, "Globalization Quiescence: Globalization, Union Density and Strikes in 15 Industrialized Countries," *Economic and Industrial Democracy* 26, no. 2 (2005): 289–314.

9. Amartya Sen, *Poverty and Famines: An Essay on Entitlements and Deprivation* (Oxford: Clarendon Press, 1982)〔邦訳　セン『貧困と飢饉』黒崎卓／山崎幸治訳、岩波書店、2000 年〕。

10. Amartya Sen, *Development as Freedom* (Oxford: Oxford University Press, 1999)〔邦訳　セン『自由と経済開発』石塚雅彦訳、日本経済新聞社、2000 年〕。

11. Charles Kenny, *Getting Better* (New York: Basic Books, 2011). ここで挙げた以外にも様々な例が紹介されている。

第 4 章

1. Paul A. David, 1990. "The Dynamo and the Computer: An Historical Perspective on a Modern Productivity Problem," *American Economic Review* 80, no. 2 (1990): 355–361. 以下で入手可能。http://elsa.berkeley.edu/~bhhall/e124/David90_dynamo.pdf. 2015 年 7 月 13 日アクセス。

2. Angus Maddison, *The World Economy: A Millennial Perspective* (Paris: Organization for Economic Cooperation and Development, 1999)〔邦訳　マディソン『経済統計で見る世界経済 2000 年史』金森久雄訳、柏書房、2004 年〕。

3. 2012 年ロンドンオリンピック開会式におけるティム・バーナーズ＝リーのメッセージ。

4. Robert Solow, "We'd Better Watch Out," *New York Times Book Review*, 12 July 1987, 36.

5. Bill Lewis et al., "US Productivity Growth, 1995–2000," McKinsey Global Institute, October 2001, http://www.mckinsey.com/insights/americas/us_productivity_growth_1995-2000.

6. Erik Brynjolfsson and Lorin M. Hitt, "Beyond Computation: Information Technology, Organizational Transformation and Business Performance," *Journal of Economic Perspectives* 14, no. 4 (2000): 23–48.

7. Robert J. Gordon, "Is US Economic Growth Over? Faltering Innovation Confronts the Six Headwinds," CEPR Policy Insight no. 63, 2012, http://www.cepr.org/pubs/PolicyInsights/CEPR_Policy_Insight_063.asp.

8. Alan Greenspan, *The Age of Turbulence* (New York: Allen Lane, 2007), 167〔邦訳　グリーンスパン『波乱の時代』山岡洋一／高遠裕子訳、日本経済新聞出版社、2007 年〕。

9. S. Broadberry, "Britain's 20th Century Productivity Performance," Warwick University working paper, 2005, http://www2.warwick.ac.uk/fac/soc/economics/staff/academic/broadberry/wp/labmkt5.pdf. 2015 年 7 月 13 日アクセス。

10. J. Bradford DeLong, "How Fast Is Modern Economic Growth?" http://www.j-bradford-delong.net/Comments/FRBSF_June11.html で以下を引用。William D. Nordhaus, "Do Real-Output and Real-Wage Measures Capture Reality? The Price of Light Suggests Not," Cowles Foundation Discussion Paper 1078, September 1994, http://cowles.econ.yale.edu/P/cp/p09b/p0957.pdf. 2015 年 7 月 13 日アクセス。

11. Jerry A. Hausman, "Valuation of New Goods under Perfect and Imperfect Competition," NBER Working Paper no. 4970, December 1994.

12. William D. Nordhaus, "The Progress of Computing," Department of Economics, Yale University, August 2001.

13. William J. Baumol, *The Free-Market Innovation Machine* (Princeton, NJ: Princeton University Press, 2002)〔邦訳　ボーモル『自由市場とイノベーション』足立英之監訳、勁草書房、2010 年〕。

14. Mark Bils and Peter J. Klenow, "The Acceleration in Variety Growth," *American Economic Review* 91, no. 2 (2001): 274–280.

15. Diane Coyle, *The Weightless World* (Oxford: Capstone, 1996)〔邦訳　コイル『脱物質化社会』室田泰弘ほか訳、東洋経済新報社、2001 年〕。

第5章

1. James Glassman and Kevin Hassett, *Dow 36,000* (New York: Three Rivers Press, 1999).

2. Robert Shiller, *Irrational Exuberance* (Princeton, NJ: Princeton University Press, 2000)〔邦訳 シラー『投機バブル——根拠なき熱狂』植草一秀監訳、沢崎冬日訳、ダイヤモンド社、2001年〕。

3. 以下参照。John Kay, *Obliquity* (London: Profile Books, 2010)〔邦訳　ケイ『想定外——なぜ物事は思わぬところでうまくいくのか』青木高夫訳、ディスカヴァー・トゥエンティワン、2012年〕。

4. Kenneth Pomeranz, *The Great Divergence: China, Europe, and the Making of the Modern World Economy* (Princeton, NJ: Princeton University Press, 2000)〔邦訳　ポメランツ『大分岐——中国、ヨーロッパ、そして近代世界経済の形成』川北稔監訳、名古屋大学出版会、2015年〕。

5. "Has China Already Passed the U.S. as the World's Largest Economy?" *WashingtonBlog*, 5 April 2012, http://www.washingtonsblog.com/2012/04/has-china-already-passed-the-u-s-as-the-worlds-largest-economy.html.

6. Andrew Haldane, "The $100 Billion Question," speech, March 2010, http://www.bankofengland.co.uk/publications/Pages/news/2010/036.aspx. 閲覧不可。

7. Andrew Haldane, Simon Brennan, and Vasileios Madouros, "The Contribution of the Financial Sector: Miracle or Mirage?" in The Future of Finance: The LSE Report (London: London School of Economics and Political Science, 2010), 87-120, http://harr123et.files.wordpress.com/2010/07/futureoffinance5.pdf.

8. 粗付加価値から、生産に伴う賃金や税金を引いた数字。

9. François Lequiller and Derek Blades, *Understanding National Accounts* (Paris: Organization for Economic Cooperation and Development, 2006).

10. もうひとつの問題点は、金融サービスが企業および家計による中間消費であるのに、金額を両者に振り分ける明確な方法がないことである。

11. Haldane et al., "The Contribution of the Financial Sector."

12. Susanto Basu, Robert Inklaar, and J. Christina Wang, "The Value of Risk: Measuring the Services of U.S.commercial Banks," *Economic Inquiry* 49, no. 1 (2011): 226-245.

13. Antonio Colangelo and Robert Inklaar, "Banking Sector Output Measurement in the Euro Area: A Modified Approach," ECB Working Paper Series no. 1204, 2010.

14. こうしたロビー活動については以下を参照。Haley Sweetland Edwards, "He Who Makes the Rules," *Washington Monthly*, March 2013, http://www.washingtonmonthly.com/magazine/march_april_2013/features/he_who_makes_the_rules043315.php?page=all.

15. Alistair Darling, *Back from the Brink: 1,000 Days at Number 11* (London: Atlantic Books, 2011).

16. Alan Greenspan, "Dodd-Frank Fails to Meet Test of Our Times," *Financial Times*, 29 March 2011, http://www.ft.com/cms/s/0/14662fd8-5a28-11e0-86d3-00144feab49a.html#axzz1HtbBWxDD. 2015年7月13日アクセス。

17. Brett Christophers, *Banking across Boundaries: Placing Finance in Capitalism* (Chichester,

West Sussex: Wiley-Blackwell, 2013), 143.

18. 同上、192.

19. Leonidas Akritidis, "Improving the Measurement of Banking Services in the UK National Accounts," *Economic and Labour Market Review* 1, no. 5 (May 2007): 29–37.

20. Christophers, *Banking across Boundaries*, 239.

21. Richard Stone, "The Accounts of Society," Nobel Memorial Lecture, 8 December 1984, http://www.nobelprize.org/nobel_prizes/economic-sciences/laureates/1984/stone-lecture.pdf.

22. Christophers, *Banking across Boundaries*, 105.

23. 以下の2冊が代表的。Tim Jackson, *Prosperity without Growth: Economics for a Finite Planet* (London: Routledge, 2009)〔邦訳　ジャクソン『成長なき繁栄』田沢恭子訳、一灯舎、2012年〕およびPaul R. Ehrlich, *The Population Bomb* (New York: Ballantine, 1968)〔邦訳　エーリック『人口爆弾』宮川毅訳、河出書房新社、1974年〕。

24. Clyde Haberman, "For Italy's Entrepreneurs, the Figures Are Bella," *New York Times*, 16 July 1989, http://www.nytimes.com/1989/07/16/magazine/for-italy-s-entrepreneurs-the-figures-are-bella.html?page wanted=all&src=pm.

25. Friedrich Schneider, "Size and Development of the Shadow Economy of 31 European and 5 Other OECD Countries from 2003 to 2012: Some New Facts," Johannes Kepler University, December 2011, http://www.econ.jku.at/members/Schneider/files/publications/2012/ShadEcEurope31.pdf. 以下も参照。Friedrich Schneider with Dominik Enste, "Hiding in the Shadows: The Growth of the Underground Economy," International Monetary Fund, March 2002, http://www.imf.org/external/pubs/ft/issues/issues30/index.htm#3.

26. http://www-2009.timeuse.org/information/studies/.

27. Jonathan Gershuny, "Time-Use Surveys and the Measurement of National Well-Being," Centre for Time-Use Research, Department of Sociology, University of Oxford, September 2011, http://www.ons.gov.uk/ons/rel/environmental/time-use-surveys-and-the-measurement-of-national-well-being/article-by-jonathan-gershuny/index.html.

28. 以下で言及。*The Observer*, 24 March 2013, http://www.guardian. co.uk/money/2013/mar/24/poorer-familes-deserve-childcare. 2015年7月13日アクセス。

29. Michael Sandel, "What Money Can't Buy: The Moral Limits of Markets," Tanner Lectures on Human Values, delivered at Brasenose College, Oxford, 1998.

30. 以下参照。Diane Coyle, *The Economics of Enough* (Princeton, NJ: Princeton University Press, 2011).

31. 詳しくは以下ウェブサイトを参照。http://www.ons.gov.uk/ons/guide-method/user guidance/well-being/index.html.

32. David G. Blanchflower and Andrew G. Oswald, "Is Well-being U-Shaped over the Life Cycle?" *Social Science and Medicine* 66, no. 8 (2008): 1733–1749.

33. William D. Nordhaus and James Tobin, "Is Growth Obsolete?" in *Economic Research: Retrospect and Prospect*, vol. 5, *Economic Growth*, ed. William D. Nordhaus and James Tobin (New York: National Bureau of Economic Research, 1972), http://www.nber.org/books/nord72-1.

34. Simon Kuznets, *National Income and Capital Formation,1919–1935* (New York: National

Bureau of Economic Research, 1937), 37.

35. Nordhaus and Tobin, "Is Growth Obsolete?"

36. http://www.foe.co.uk/community/tools/isew/make-own.html. 現在このツールは廃止されている(2015年7月確認)

37. J. Bradford DeLong, "How Fast Is Modern Economic Growth?" http://www.j-bradford-delong.net/Comments/FRBSF_June11.html. 閲覧不可。Accessed 12 July 2013.

38. Nicholas Oulton, "Hooray for GDP!" Centre for Economic Performance, London School of Economics, June 2012. LSE Growth Commission に提出。

39. *Report of the Commission on the Measurement of Economic Performance and Social Progress*. 以下で入手可能。http://www.stiglitz-sen-fitoussi.fr/en/index.htm. 2015年7月13日アクセス。

第6章

1. "The Right Stuff: America's Move to Mass Customization," Federal Reserve Bank of Dallas 1998 Annual Report, http://www.dallasfed.org/assets/documents/fed/annual/1999/ar98.pdf.

2. 同上。

3. 以下参照。Amartya Sen, *Development as Freedom* (Oxford: Oxford University Press, 2001)〔邦訳 セン『自由と経済開発』石塚雅彦訳、日本経済新聞社、2000年〕。

4. "The Right Stuff."

5. 単純な製品が非常に複雑なプロセスを経て作られる実態については、以下を参照。Pietra Rivoli, *Travels of a T-shirt in the Global Economy* (Hoboken, NJ: Wiley, 2005)〔邦訳 リボリ『あなたのTシャツはどこから来たのか?——誰も書かなかったグローバリゼーションの真実』雨宮寛/今井章子訳、東洋経済新報社、2007年〕。

6. Susan N. Houseman and Kenneth F. Ryder, ed., *Measurement Issues Arising from the Growth of Globalization: Conference Papers*, Upjohn Institute, 2010, http://www.bea.gov/papers/pdf/bea_2010_conference%20 papers_final.pdf.

7. Yuqing Xing, "How the iPhone Widens the US Trade Deficit with China," Vox, 10 April 2011, http://www.voxeu.org/index.php?q=node/6335. 2015年7月13日アクセス。

8. Andrew Walker, "UK Productivity Puzzle Baffles Economists," *BBC World Service*, 17 October 2012, http://www.bbc.co.uk/news/business-19981498.

9. Diane Coyle, *The Weightless World* (Oxford: Capstone, 1996)〔邦訳 コイル『脱物質化社会』室田泰弘ほか訳、東洋経済新報社、2001年〕。

10. W. J. Baumol and W. G. Bowen, "On the Performing Arts: The Anatomy of Their Economic Problems," *American Economic Review* 55, no. 1/2 (1965): 495–502.

11. Kevin Kelly, "The Post-Productive Economy," *The Technium*, 1 January 2013, http://www.kk.org/thetechnium/archives/2013/01/the_post-produc.php.

12. Paul Krugman, "Robots and Robber Barons," *New York Times*, 9 December 2012, http://www.nytimes.com/2012/12/10/opinion/krugman-robots-and-robber-barons.html?_r=0.

13. Erik Brynjolfsson and Adam Saunders, "What the GDP Gets Wrong," *MIT Sloan Management Review*, fall 2009, http://sloanreview.mit.edu/article/what-the-gdp-gets-wrong-why-managers-should-care/. 2015年7月13日アクセス。

14. 例えば以下を参照。“What Good Is the Internet?” *Economist*, 8 March 2013, http://www.economist.com/blogs/freeexchange/2013/03/technology. 2015 年 7 月 13 日アクセス。

15. Erik Brynjolfsson and JooHee Oh, “The Attention Economy: Measuring the Value of Free Digital Services on the Internet,” MIT working paper, July 2012. 以下も参照。“Net Benefits,” *The Economist*, 9 March 2013, http://www.economist.com/news/finance-and-economics/21573091-how-quantify-gains-internet-has-brought-consumers-net-benefits.

16. Michael Mandel, “Beyond Goods and Services: The (Unmeasured) Rise of the Data-Driven Economy,” Progressive Policy Institute Policy Memo, October 2012.

17. William D. Nordhaus and James Tobin, “Is Growth Obsolete?” in *Economic Research: Retrospect and Prospect*, vol. 5, *Economic Growth*, ed. William D. Nordhaus and James Tobin (New York: National Bureau of Economic Research, 1972), http://www.nber.org/books/nord72-1.

18. Diane Coyle, *The Economics of Enough* (Princeton, NJ: Princeton University Press, 2011).

19. Martin L. Weitzman, “On the Welfare Significance of National Product in a Dynamic Economy,” *Quarterly Journal of Economics* 90 (1976): 156–162; Martin L. Weitzman, *Income, Capital, and the Maximum Principle* (Cambridge, MA: Harvard University Press, 2003).

20. Nicholas Oulton, “The Wealth and Poverty of Nations: True PPPs for 141 Countries,” Centre for Economic Performance, London School of Economics, March 2010.

21. Ben Friedman, *The Moral Consequences of Economic Growth* (New York: Alfred A Knopf, 2005)〔邦訳　フリードマン『経済成長とモラル』佐々木豊ほか訳、東洋経済新報社、2011 年〕。

22. この問題については拙著『*The Economics of Enough*』で詳しく論じている。

著者略歴

(Diane Coyle)

経済学者．マンチェスター大学教授．オックスフォード大学ブレーズ・ノーズ・カレッジで哲学，政治学，経済学を学び，ハーヴァード大学で経済学の修士号と博士号を取得．英国財務省のアドバイザー，競争委員会委員などを歴任し，現在はBBCの監督機関であるBBCトラスト会長代理を務める．経済学への貢献によって大英帝国勲位を受勲．民間調査会社DRIヨーロッパの上級エコノミストや『インディペンデント』紙の経済記者を務めた経験もあり，英国で卓越した金融ジャーナリストに贈られる「ウィンコット賞」を受賞．著書 The Weightless World (Oxford: Capstone, 1996) では『ビジネス・ウィーク』誌のブック・オブ・ザ・イヤーを受賞した〔邦訳『脱物質化社会』東洋経済新報社，2001〕．邦訳書『ソウルフルな経済学』（インターシフト，2008）．

訳者略歴

高橋璃子〈たかはし・りこ〉翻訳家．京都大学卒業．訳書 ウェザーオール『ウォール街の物理学者』（早川書房，2013）ストーン＆カズニック『オリバー・ストーンが語るもうひとつのアメリカ史 1』（共訳，同，2013）テイラー『スタンフォード大学で一番人気の経済学入門』（かんき出版，2013）マキューン『エッセンシャル思考』（同，2014）ほか．

ダイアン・コイル

GDP

〈小さくて大きな数字〉の歴史

高橋璃子訳

2015年 8 月25日　第 1 刷発行
2022年 4 月 5 日　第 6 刷発行

発行所　株式会社 みすず書房
〒113-0033 東京都文京区本郷 2 丁目 20-7
電話 03-3814-0131(営業) 03-3815-9181(編集)
www.msz.co.jp

本文組版　キャップス
本文印刷所　萩原印刷
扉・表紙・カバー印刷所　リヒトプランニング
製本所　誠製本

Printed in Japan
ISBN 978-4-622-07911-8
[ジーディーピー]